TPR Stories for *Paso a paso*
Complete Support for 14 Thematic Units

W9-AHF-190

Karen Rowan
Colorado Springs, CO

Foreword by Blaine Ray

Prentice Hall

Glenview, Illinois
Needham, Massachusetts
Upper Saddle River, New Jersey

Dedicated to Scott, Tim, and Kassidy Alicia; the Rowans, Girards, Lewises, and Leonards; my students and all TPRS teachers. Special thanks to Mimi Met and my mentors Blaine Ray, Susan Gross, and Steve Krashen. Their wealth of knowledge has been priceless.

ISBN: 0-673-63379-9

5 6 7 8 9 10   03 02

PRENTICE HALL

Tabla de materias

CAPÍTULO 12 ¡Vamos a un restaurante mexicano!

CAPÍTULO 13 Para proteger la Tierra

CAPÍTULO 14 ¡Vamos a una fiesta!

Foreword
Blaine Ray

In 1980, I was barely surviving as a Spanish teacher. I was in my third job and my principal told me, "Blaine, if you don't get more students in your classes, you won't have a job here." It was that year that I discovered TPR. Teaching with commands gave me a whole new perspective on teaching Spanish.

I soon found that TPR only worked for a small part of the language. Within a few years and after a lot of experimentation, TPR Storytelling (TPRS) was born. TPRS solves some major problems in teaching a second language.

Long-term Memory
Most memorization of vocabulary and grammar is done in order to pass a test. This is short-term memory, and students quickly forget the material. TPR and TPRS teach the language so that students can recall what they have learned on a long-term basis.

Interest and Motivation
TPRS keeps students interested in the class because the mini-stories and mini-situations are about the students themselves. A student who hears a story about himself or herself or about his or her classmates is much more likely to listen than if the story were about a character that does not exist. Since the stories are acted out, students are more motivated to learn because they are watching live-action drama. They are watching students interpret the mini-stories and, because students have special personalities, each mini-story is different. Students find this much more interesting than reading a story dealing with characters that they don't know.

Comprehensibility
Since we pre-teach vocabulary, even students who have missed days from class can still understand the story of the day. In fact, some Level 1 TPRS students can actually understand what is taught in a Level 3 TPRS class because the words are pre-taught before every story or mini-story.

Language in Context
Since we teach the language in authentic communicative contexts, much of the grammar is acquired easily and naturally.

Grammar
Grammar is taught in context. Students retell the stories as if they were characters in the stories. In this way, students learn all of the changes necessary to speak in the first person, not just isolated verb conjugations.

Fluency
When we pre-teach the vocabulary thoroughly, students internalize the words so well that they can retell the story with details. If the vocabulary is NOT taught thoroughly, most students cannot retell the stories.

I am excited that the publishers of *PASO A PASO* have decided to publish a TPRS supplement. Karen Rowan has done a great job writing this book. It is my hope that TPRS will be used more and more throughout the world because of this book.

TPR Storytelling Introduction

Background of TPR Storytelling

Blaine Ray of Bakersfield, California, invented Total Physical Response Storytelling (TPRS) in 1990. The method combines Dr. James Asher's "Total Physical Response" with Dr. Stephen Krashen's language-acquisition strategies. It begins with pre-teaching the vocabulary, using classical TPR, and later evolves into storytelling, using hand TPR, associations, and acting. Students rapidly acquire the second language just as Dr. Krashen imagined: effortlessly and involuntarily.

Ray modified TPR so that teachers have the freedom to use hand TPR rather than classical TPR. This prevents broken furniture but still allows students to participate physically. Most responses are acted out by placing one hand on top of the other. For example, two fingers walking on the palm of the other hand is the hand TPR sign for "walks." Ray also created techniques that have built bridges between the traditional commands used in classical TPR and third-person singular narrations, allowing classical TPR to evolve easily into the next step, storytelling. Ray also based the method heavily on Krashen's five hypotheses: the acquisition hypothesis, the input hypothesis, the natural order hypothesis, the affective filter hypothesis, and the monitor hypothesis, which are explained in detail in *The Natural Approach: Language Acquisition in the Classroom,* by Stephen D. Krashen and Tracy D. Terrell.

Although this book provides many directions and explanations, it is recommended that novices to TPR Storytelling read the book *Fluency Through TPR Storytelling*, by Blaine Ray and Contee Seely, and attend training workshops on the technique. A list of presenters and recommended literature is included on pp. xvi–xvii.

Another fundamental element for a successful TPR Storytelling program is reading. It is recommended that you create a Free Voluntary Reading (FVR) program to encourage students to read as much as they like and to help them to read in class. You can find more information on level-appropriate reading and creating FVR programs in *The Power of Reading*, by Dr. Krashen.

The most important element of TPR Storytelling is the awareness that the focus is our students, not our book. A good relationship with students is the foundation of any TPRS program. The instructional pace should be based on students' acquisition of the language. The philosophy behind Ray's program is based in large part on Dale Carnegie's *How to Win Friends and Influence People*. Ray, recognizing that students like to talk about themselves, eliminated generic character names, such as Paco and José, and replaced those with students' names. Ray's personalized mini-situations are based on the interests and activities of students in his classes. Students are more engaged because the topic (their own lives) is naturally interesting to them.

The driving force behind TPR Storytelling is that the entire class must be conducted in Spanish. In order to accomplish this, we speak to students in much the same way that we speak to young children who are learning English. If we need subjunctive when we talk to a two-year-old, we use it. While we have no qualms about using the most complex verb tenses, we do not expect students to use or understand sophisticated vocabulary. It is unfamiliar vocabulary, not unfamiliar grammar, that makes language incomprehensible to a beginning language learner.

As a result, using subjunctive, future, or conditional when talking to students is not a problem, as long as the message is comprehensible. To ensure that the story is comprehensible, we use the same kinds of language techniques in our classes that we use, quite naturally, when telling stories to children: dramatic voice inflection, repetition, rephrasing, commenting on the conduct of a character, and asking simple questions to ensure that students follow the story line.

How to use *TPR Stories for* Paso a paso

This book contains a classical TPR chapter with the traditional introductory vocabulary list. The list has been modified for use with *PASO A PASO* and combined with the vocabulary lists from *El primer paso* and *Capitulo 1*. The first chapter

should be taught in its entirety and should take approximately five weeks. An introductory TPR list is the first component of any TPRS program. Despite the obvious time constraints presented by spending this amount of time on the first two chapters, it will pay off in confidence and fluency in later chapters because students will have thoroughly acquired and internalized the vocabulary.

Suggestions are made throughout the book regarding sections of the *PASO A PASO* textbook and video series that should be integrated into *TPR Stories for* PASO A PASO. Culture is integrated throughout each chapter. In addition, page references to sections where cultural information is highlighted are made in each chapter, and many of the stories contain cultural information.

Chapters 2 through 14 include additional components of the TPRS program, including six-frame stories, reading comprehension stories, invention stories, guide words, and freewriting. *TPR Stories for* PASO A PASO has also added a sight-reading activity to these chapters.

Special notes about Chapter 1

Classical TPR
Classical TPR provides a steady stream of comprehensible input. It also includes muscle involvement in the learning process. As with learning to ride a bike, language becomes entrenched in long-term memory. Chapter 1 begins with 12 classical TPR lessons. After Chapter 1, hand TPR is used instead of whole-body TPR. Classical TPR includes four basic steps.
Modeling: You model the action students should imitate and simultaneously state the word. Then students perform the action.
Delayed Modeling: You say the word, students perform the action, and then you perform the action.
Removal of Modeling: You say the word, and then students perform the action.
Tricking: You say the word but perform the wrong action. Students perform the action. You perform the correct action.

Minicuentos
After the first 12 lessons, there are 10 mini-stories. In Chapter 1 only, students should not be asked to retell the mini-stories. This chapter is designed to

provide students with maximum input and minimum output in order to allow them to benefit from a "silent period."

Illustrated Picture Dictionary
At the end of Lesson 12, write the body parts on the overhead or board and have students copy the list into their Illustrated Picture Dictionaries (IPD), which students create by drawing 12 frames on each side of several sheets of notebook paper. Each frame contains a vocabulary word copied from the overhead or board and the students' illustration of that word. Students may wish to alphabetize the list in advance to make it a more useful future reference. Have students draw the illustrations for homework. After the lessons, have students add the vocabulary words to their Illustrated Picture Dictionaries at the end of each mini-story.

Assessment
The *Examen de habilidades* may be given to students in addition to the vocabulary test. However, the writing proficiency and speaking proficiency sections should not be used until Chapter 3.

Pre-teaching Vocabulary
(For use with Chapters 1–14)

Three at a time
TPR is used to present vocabulary in groups of three words. Chapter 1 is taught using classical TPR as invented by Asher. Commands are given directly to students, who perform by using their whole bodies. Beginning with Chapter 2, students respond to commands by using hand TPR rather than whole-body TPR. You say the verbs using the *él / ella / Ud.* form *(va)*. We define *va* as "goes," not "go." Vocabulary is always presented correctly. In this way, students acquire the storytelling form of the verb, the *él / ella / Ud.* form, more rapidly because of the frequency of its use in class.

Chain Commands
Say all three words quickly and in succession. Students do all three gestures quickly and in succession.

> La mano, la boca, el brazo. / Baila, el dedo, la mano derecha. / La cabeza, la mano izquierda, el pie.

Check for Barometer Students

Have students close their eyes. Say the words in groups of three. Have students do three gestures in succession. Say another set of three. You are checking for comprehension and looking for any students who seem to lack confidence or who are gesturing incorrectly. Be careful to practice the vocabulary enough so that those students begin to gesture correctly on a consistent basis. To ensure that pacing is neither too fast nor too slow, use this technique to find two or three students who are motivated to succeed but who are struggling. These students become the barometer students. Check all of the gestures as well as the English definitions with the barometer students selected. Any words that these students do not know well should be practiced again in the next lesson. It is important to return to these students later in the week to ask only the words that they did not know. All students should be held accountable.

Fist Game

This optional activity allows you to assess students' comprehension but also allows students to communicate information in a relatively private manner, since the rest of the class does not see their signals to you. Direct students to place their right fist on top of their open left hand directly in front of their chest. As you ask them sets of three, have them either flatten their right hand over their left if they cannot perform the three gestures or continue holding their right fist if they can perform the correct gestures. Explain that you will only call on students who have made a fist. Ask sets of three and call on students to perform the gestures. They should not speak.

Three-ring Circus

(Invention of Berty Segal) This activity is also optional. Specific directions are included in Chapter 1. For subsequent chapters, the technique can still be used to pre-teach new vocabulary as needed. Choose three volunteers. Give each volunteer one set of simple classical TPR directions that is repetitive, active, and uses new vocabulary. Tell each of them to continue to perform them an indefinite number of times. Then ask the class questions that require one-word responses. The following set of directions meets these criteria.

Baila a la pizarra. Abraza la pizarra. Baila al pupitre. Abraza el pupitre. Baila a la pizarra. No pares.

Then ask either / or or yes / no questions. Some questions require a one-word answer, but two possibilities are offered from which students choose. For example:

¿Quién baila a la pizarra, Esperanza o Lili? ¿Baila al pupitre? ¿Baila rápidamente o baila lentamente?

The second type of question requires a one-word response, but the answer is not provided.

¿Adónde baila Lili? Al pupitre y a la . . . .

The third type of question requires that students think a bit more because the answer to the question has not been provided.

¿Cómo baila a la pizarra? *(To which students would answer:* "Baila rápidamente.")

These steps for pre-teaching vocabulary are elaborated on in Chapter 1, but you can use them to pre-teach vocabulary in each mini-story throughout the book.

Novel Commands

(For use with Chapters 1–14)
Novel commands make classical TPR more interesting, stimulating, and fun, as well as a better vehicle for language acquisition. Students gesture or perform actions, but they do not speak. Despite their name, novel commands are not always commands. They are usually narrations that you present to the class using the *él / ella / Ud.* form of the verbs, the vocabulary, and Total Physical Response. They are called novel commands because they combine known vocabulary into a sentence with a novel, or unfamiliar, meaning. This is one of the most important components of a successful TPRS program.

Novel commands can be directed to the whole class or to an individual. When directed to an individual, they are sometimes called "play commands" because of their playful nature. For example, you might say: *El chico agarra el pupitre y lo come. Está sabroso. El chico sonríe.* as a student is acting out the direction. This type of narration bridges the gap between commands and storytelling. Novel commands are presented using the *él / ella / Ud.* form of the verbs which is, with some exceptions, the same as the *tú* command. As a result, when students begin to repeat them to each other, they have already acquired the correct form. In addition, novel commands facilitate comprehension of the stories, which are told using the *él / ella / Ud.* form of the verbs. You should think of novel commands as being directed to 30 individuals simultaneously rather than to the whole class.

A novel command directed to the class might be: *Toca el suelo con la nariz. Canta "Bésame mucho" al suelo. Canta "Bésame mucho" al suelo rápidamente. Canta "Bésame mucho" al suelo lentamente. Canta "Bésame mucho" al suelo románticamente.* The whole class will be on the floor, touching the floor with their noses and singing *"Bésame mucho."* The class becomes so much fun that students truly want to participate. Make sure that all students are participating. Also, model for students even impossible gestures such as: *Toca la espalda con la lengua.*

A novel command directed to one student might be: *Baila a la puerta. Toca la puerta con el brazo. Toca la puerta con la cabeza. Toca la mano izquierda con la mano derecha. ¡Aplauso!* The student will be standing with his head and arm against the door and clapping. You can then ask the class questions such as: *¿Quién baila a la puerta? ¿Besa la puerta o toca la puerta?*

Novel commands do not have to be limited to normal space and time. A novel command might be: *La nariz camina. Agarra la nariz. Tira la nariz.* Students will bob their heads as if their noses were walking, grab them, and pretend to throw them in the air.

In a novel command, words that have already been presented to students *(nariz* and *camina)* are juxtaposed in unfamiliar (novel) combinations *(La nariz camina).*

You should not read novel commands from the book. Become as familiar with the vocabulary as possible so that the written novel command directions are peripheral. The novel command suggestions given in this book are only suggestions. Elaborate on them by using your own creativity as much as possible.

Personalized Questions and Answers and Personalized Mini-Situations

(For use with Chapters 1–14)

This may be the most important component of a successful TPRS program. A mini-situation is similar to a mini-story. The main difference is that the mini-situation is specifically about students in the class. In order to create personalized mini-situations, you must first ask personalized questions.

How to Create a Personalized Mini-Situation

1. Get to know your students.
2. Ask personalized questions using the vocabulary you wish to activate.
3. Create a short situation in the target language about one or more of the students, using the vocabulary.

For example, a class might begin with a personalized question period.

> **TEACHER:** ¿A quién le gusta nadar?
> **NICOLÁS:** A mí.
> **TEACHER:** ¿Te gusta más nadar en la piscina o en el océano?
> **NICOLÁS:** En el océano.
> **TEACHER:** ¿Qué llevas cuando nadas en el océano? ¿Llevas un traje de baño o llevas un traje?
> **NICOLÁS:** Un traje de baño.
> **TEACHER:** ¿De qué color es tu traje de baño? ¿Rosado? ¿Rojo? ¿Verde?
> **NICOLÁS:** Verde.
> **TEACHER:** ¿Tienes miedo *(act scared)* de tiburones *(place hands like fins above head)* en el océano?
> **NICOLÁS:** No.
> **TEACHER:** ¿Eres fuerte?
> **NICOLÁS:** Sí.

You now have enough information about this student to create a personalized mini-situation. Having students act out mini-situations is optional, but having them act out mini-stories is not. Next, create the following personalized mini-situation.

> Nicolás va al océano para nadar. A Nicolás no le gusta nadar en la piscina. Prefiere nadar en el océano. Lleva un traje de baño verde. Nada todo el día. ¡Oh no! ¿Qué es esto? Nicolás ve un tiburón grande. Pero Nicolás es muy fuerte y golpea el tiburón con las manos. El tiburón sale muy rápidamente porque tiene miedo.

Dramatize the personalized mini-situation so that unfamiliar vocabulary is comprehensible.

Getting to know your students prior to the personalized question-and-answer period might result in an even greater wealth of knowledge from which stories can be created. For example, if Nicolás were on the track team, he might be swimming in the ocean with his javelin because he loves his javelin sooooo much! This would have proven a useful defense against the shark. If Nicolás were a singer in the school choir, he might have been able to sing the shark to sleep.

Personalized question-and-answer periods and personalized mini-situations are two ways to practice vocabulary that has just been introduced. Use these techniques prior to telling the mini-stories.

Chapter 1 includes a few mini-situations. Subsequent chapters contain personalized question suggestions. These suggestions are not meant to be read word for word but are intended only as ideas for questions. Ask questions based on the particular class and then create personalized mini-situations from those questions.

Mini-Stories
(For use with Chapters 1–14)
After you have taught the vocabulary for each story using hand TPR or classical TPR, tell the mini-story two or three times as students act it out. Change the story slightly each time so that students are not able to memorize it. Then retell the story a few times making mistakes, asking questions, and pausing so that students can fill in the blanks. Initially, have students answer the questions, correct their mistakes, and fill in the blanks with one-word responses. As you continue to ask questions, students will begin to respond more completely. For example, the following is a list of questions that progresses from one-word answers to more complex responses.

The first type of question requires a one-word response and may be a yes / no or an either / or question, or one that elicits a student's name.

¿Quién camina a la casa de la muchacha, Nicolás o Lili? ¿Corre a la casa?

The second type of question requires a one-word response, but the answer is not provided.

¿Qué tiene Nicolás? ¿Adónde camina Nicolás?

The third type of question requires that students think a bit more because the answer to the question has not been provided.

¿Por qué camina a la casa de Lili? ¿Por qué sonríe Lili?

By the time students have filled in the blanks in the story, they will have retold most of the story themselves as a group. Finally, students are prepared to retell the stories in pairs, and volunteers can be called upon to tell the story to the class.

Displaying the Guide Words
(For use with Chapters 2–14)
You may find that you prefer to write the guide words (new vocabulary and verbs) on an overhead transparency before you begin to teach a story so that students can see them reflected behind you as you teach them. This step is useful for pretesting the words to determine how many students already know. You may also find that you prefer to display another overhead in English. This clarifies the definitions of the words and eliminates the need to check for comprehension in English. At one time, TPR Storytelling teachers and presenters were concerned that showing the words to students too early would interfere with proper pronunciation. However, as we have infused the program with enormous amounts of reading during the past few years, we have learned that these fears are unfounded. Nevertheless, this step is entirely optional and its use is left to your discretion. You can present the words at the end of each mini-story as students copy the story into their notebooks and vocabulary lists. If you choose to display the words on an overhead transparency at the beginning of the lesson, be sure to remove them gradually so that students are eventually able to retell the story without the benefit of the guide words.

Gestures
Directions for gestures are not included in this book. Make the most logical hand sign for each word. You may wish to consult a sign-language book for any signs that are not obvious. It is important to remember that hand TPR signs are disposable. Attempting to teach accurate sign language simultaneously with the second language will double your work. The sign you use for "grab" in September may be used again in November to mean "take." Within a few days of the first introduction of the vocabulary word, the sign will no longer be necessary. Whenever you cannot think of a sign to use for a particular word, consult your students. Although you may present the most logical sign for a word, students may come up with an even better one. For example, a particularly creative class created a sign that appeared to be throwing something high in the air and then shooting at it. It turned out to be their sign for "wash the dishes." In this case, it is wise to follow the students' lead. Encouraging students to invest in the class when they have a creative or funny

idea makes them willing resources whenever you have "gesturer's block." Some words, such as *while*, are difficult to gesture. Blaine Ray tells his classes a story about a student who runs into a celebrity while walking down the street in Hollywood. He gives her a kiss <u>while</u> she is taking a picture to show off to her friends. So, the sign for "while" is the gesture for taking a picture while making a kissing noise.

Using Students' Names
The mini-stories have blanks instead of characters' names so that the names of the actors performing in the stories can be used.

Using Names of Celebrities, Products, and Places of Business
Many of the stories in this book contain blank spaces for the names of celebrities who appear in the stories, restaurants that characters frequent, stores from which items are purchased, or brand names of products. The blanks have not been filled in so that you can substitute currently popular celebrities, well-known product names, and local eateries and stores. Some of the stories take place in _____ *(name of your school)*. Some of the characters run into _____ *(name of famous actress)*. These blanks can appear not only in stories but also in personalized questions as you ask a student if he or she prefers to eat at _____ *(local fast-food restaurant)* or _____ *(local auto repair shop)*. Feel free to include blanks where none have been provided.

Costuming and Props
Use hats and other props to assign roles to the actors. Old clothing is a valuable resource in Chapter 7. Alternatively, puppets work particularly well with students who prefer not to act. However, pre-planned props are not necessary.

Maintaining the Space
Locations of imaginary houses or other imaginary buildings that are used the first time that a story is told should remain the same each time that the story is retold. The same is true for other variables such as direction. Altering the space creates confusion, particularly for visual learners.

Coaching Good Acting
Encourage students to "ham it up" at every opportunity. When playing the part of a boy, the actor / actress should flex his / her muscles and walk like a cowboy. When an actor is fighting a big whale, he / she should act as if he / she were trying to win an Academy Award. Encouraging students may require that you actively participate by standing with the actor / actress in the scene and guiding his / her arms into the proper positions. Insist that actors / actresses demonstrate comprehension and aid the rest of the class in comprehending by acting well. Call upon reluctant actors or actresses to answer questions or tell the story instead.

Air Kissing
Each time the word *besa* is used during gesturing or acting, have students "air kiss" cheeks or make a kissing sound. Explain this before the word is first used so that students do not experience any discomfort. The same is true of hugs. Model "air hugging" as well. Although the TPRS classroom tends to be less restrictive and less traditional, it is still important to avoid potential inappropriateness or discomfort. Explain the cultural significance of kissing, hugging, and holding hands in Spanish-speaking countries since, as a general rule, casual touching of this sort is more common even between friends of the same sex. *(See Cultural Note, p. 51.)*

Performing Dialogue
Whenever a dialogue appears within a story, you should read the quoted material as a statement, and the student should act it out but not repeat it. Students will acquire the dialogue along with the rest of the story as questions are asked about it during the next step.

Additional Comprehensible Input Activity
Retell the story as students act it out in their small groups of two or three. If there is an uneven number of students, have extra members become inanimate objects in the story. All of the groups act out the story simultaneously.

Students' Retelling of the Mini-Story
1. Have pairs of students tell the mini-story to each other, and place a time limit on this activity.

2. Ask one or two volunteers to tell the story to the class. Correct volunteers only when they have difficulty with the story line, not when they make grammatical errors.

Writing the Vocabulary Words

At the end of each story, write the vocabulary words from the story on the overhead or board. Have students copy the words into their Illustrated Picture Dictionaries and illustrate them for homework. By the second chapter, have students recopy the entire mini-story and underline the vocabulary words. Since the vocabulary is presented in context, there is no need for students to continue entering the words into their Illustrated Picture Dictionaries.

Cuento principal

(For use with Chapters 2–14)

After you have taught all of the mini-stories, present the main story, *Cuento principal,* in much the same way that you would present a mini-story, but do not pre-teach the vocabulary. There is no new vocabulary presented in the *Cuento principal,* with the exception of cognates. You may find it helpful to photocopy the illustration so that students can refer to it as they practice retelling the story.

The illustration can be used in many ways. Students can use it to retell the story in pairs or to the whole class. You can photocopy the illustration and cut it into pieces so that students can reconstruct it and then retell it, adding one detail to each frame. Students can write out the story. You can remove the first or the final frame and have students change the beginning or the end of the story. Students can rewrite the story in a different person or a different tense.

Six-frame Story

(For use with Chapters 2–14)

In small groups, have students draw a new story (one illustration per group). Students may not write any words in any language on the drawing. Assign this activity at the end of the class so that students can complete it for homework. The following day, each group will present its story to the class, using volunteers from the class as actors. Students will use their drawings to remind themselves of the story line. The activity will go more quickly in large classes if each student tells half of the story. Students should never memorize the six-frame story in advance.

Comprensión de lectura

(For use with Chapters 2–14)

The reading comprehension story, *Comprensión de lectura,* gives students an opportunity to apply reading strategies. As students progress in their reading ability, they will be able to complete the follow-up questions more and more independently. In the beginning, have students complete the questions as group work or with your assistance. By the end of the book, students will be able to complete the reading questions more independently.

Oral Sight-Reading

(For use with Chapters 2–14)

Because it is an output activity, the oral sight-reading activity is timed so that it does not consume too much class time. Encourage students to use circumlocution, that is, to find alternate ways to communicate meaning when they do not know a word. In many cases, students will find that they need specific words to be able to tell the story. Encourage them to "talk around it." For example, one story has a picture of a lion, a word not taught in this book. Have students tell the story using the vocabulary they have at their disposal.

Class Invention

(For use with Chapters 4–14)

Write a story using the overhead or chalkboard. Have students contribute ideas for the story as it is being written. Coach responses by asking questions and rewording their responses. Once students have decided to write a story about "Ricardo," you would ask: *"¿Tiene hermanos? ¿Qué le gusta hacer? ¿Le gusta jugar tenis? ¿Le gusta jugar videojuegos?"* Subtly emphasize agreement and verb correctness as the story is being written. Have students simultaneously write the story in their notebooks and study it for a short, open-story quiz the next day. A story created in class might look like this.

Ricardo y Bob

Un muchacho que se llama Ricardo tiene dos hermanos y una hermana. A Ricardo le gusta jugar tenis en el verano. Ricardo es muy alto y tiene ojos azules. Ricardo es pelirrojo. Tiene un perro que se llama Bob. Bob es de color blanco y tiene ojos verdes. Bob es antipático. A él no le gustan los gatos y los come.

The next day, ask the class to take out their copies of the story and number their papers from one through ten. Ask ten simple questions about the story that will elicit true / false, yes / no, or one-word answers. Grade quizzes promptly in class so that students receive feedback without delay. Do this exercise in each chapter just prior to the freewriting exercise so that students are reminded to focus on one or two features of the language.

Guide Words

(For use with Chapters 5–14)

Chapters 5–14 contain directions for using guide words, the new grammatical elements that students must use to retell a mini-story. First, write these words in the left-hand column of an overhead transparency. Then, have the class assist you in rewriting the story using a different person of the verb. As you write the new forms of the verbs in the right-hand column of the overhead transparency, have students copy both lists into their notebooks. Then have them rewrite the story for homework, using the verbs in the right-hand column. You can do similar activities orally by retelling stories aloud as students act them out. For example, by telling a story directly to the actor or actress as he or she performs the story, you can emphasize the *tú* form.

Escritura libre

(For use with Chapters 4–14)

Created by Adele MacGowan-Gilhooly, freewriting, *escritura libre,* differs from essay writing because its goal is to improve fluency, not to improve accuracy. Only one set of freewriting directions is included in each chapter. However, for optimal gains in written fluency, assign weekly freewriting exercises, beginning in the second semester. Have students keep journals, and give them weekly timed writing assignments. After students have done freewriting several times, assign these exercises for homework.

The first time that students do a freewriting exercise, have them write as many words as they can in ten minutes (or 12, if you prefer). Their eventual goal is to write 100 words. Have them write as quickly as they can, but do not allow the use of English or blanks for words that they don't know. They must find a way to "talk around" unknown words. Write the list of words on the board, and have students write a story using those words. At the end of ten minutes, tell them to stop writing. Then have them count their words, write the total number of words at the top of their papers, and circle the number. The first freewriting exercise generally results in very low scores. Since students are sometimes intimidated by writing this much, the first writing assignment should be worth fewer points.

The second time that students do a freewriting exercise, give them nine minutes and 30 seconds to write a 100-word story, using the word list on the board. Every couple of weeks, shave another 30 seconds off of the time as long as 80 percent of the students are consistently writing 80 words or more each time. By the second week, scores generally rise dramatically. By the end of the year, students should be writing approximately 100 words in seven or eight minutes. The assignment is worth 100 points, and students do not earn extra credit for exceeding 100 words, even though they are not permitted to stop writing when they have written 100 words. After the first few assignments, you may wish to conserve class time by assigning the freewriting exercise as homework.

Assessment

Assessment in TPR Storytelling is ongoing. Check students' comprehension daily by evaluating their oral responses and by observing their TPR gestures. Also give drawing or matching quizzes to test for comprehension and as a means of assigning grades.

Homework

(For use with Chapters 2–14)

Although grammar-based homework exercises are not a component of a successful TPRS program, you can assign many valuable activities, such as reading, freewriting, drawing, and creating stories, as homework to reserve more class time for comprehensible input. For example, it is recommended that you assign the six-frame story during the last five minutes of class so that students prepare their story for the next day outside of class. One way to let students perform and tell stories without using too much valuable class time is to tell a story to the class as students draw it. Have students take the story to a parent or other adult (even another Spanish teacher) and retell the story to that adult using the picture. The adult signs the picture to confirm that he or she has heard the story. Since some students will occasionally forget to retell the story and forge the adult's signature on the way into class, you may want to use "Forge Proof." Have students write the following on the bottom of the drawing.

My son / daughter _____
has told me this story in Spanish using the drawings.

Signed _____
(parent or other adult)

Name one Barry Manilow song.

_____

Choose the trivia question for each assignment based on topics relevant to the parents' generation rather than to the student's. Questions about old rock groups or television shows are optimal. Parents will appreciate the clever question and being included in their children's education.

Matching Test

(For use with Chapter 1)

At the end of the first chapter, give students a matching test using vocabulary only. If 80 percent of the students score 80 percent or higher, the class is ready to move on to Chapter 2. You may prefer to create a test in which the words are presented orally in Spanish and students draw pictures to demonstrate comprehension.

Chapter Test

(For use with Chapters 3–14)

At the end of each chapter, have students complete and thoroughly discuss *¿Lo sabes bien?* in preparation for the test. Students should not take the grammar test because they have not learned the names for grammatical concepts in this book and because the test will not evaluate their listening, speaking, reading, and writing skills.

Unannounced Vocabulary Test

(For use with Chapters 1–14)

An unannounced vocabulary test assesses how well students have acquired the vocabulary. An announced vocabulary test assesses how thoroughly students have studied for the test. The first tests long-term memory, while the latter tests short-term memory. Inform students that unannounced cumulative vocabulary tests are a part of the total assessment program.

Presenters

Blaine Ray
3820 Amur Maple Dr.
Bakersfield, CA 93311
Phone: 661-665-9523
Fax: 661-665-8071
*Creator of TPR Storytelling, high school Spanish
teacher, author, and TPR Storytelling presenter*

Carol Gaab and Valerie Marsh
P.O. Box 9064
Scottsdale, AZ 85252
1-800-TPR IS FUN
*Elementary and ESL teachers, authors, and TPR
Storytelling presenters*

Susan Gross
515 Pluto Dr.
Colorado Springs, CO
719-471-0041
sgross@home.com
*Middle school French teacher, author, and TPR
Storytelling presenter*

Dr. Stephen Krashen
Language Education Associates
P.O. Box 3141
Culver City, CA 90231-3141
1-800-200-8008
*Co-creator of The Natural Approach, researcher,
author, college professor, and presenter*

Karen Rowan
TPRS and Textbook Adaptation Workshops
P.O. Box 165
Manitou Springs, CO 80829
719-389-0405
rowankaren@juno.com
*High school Spanish teacher, author, and TPRS and
Textbook Adaptation presenter*

Recommended Reading

Asher, James. *Learning Another Language Through Actions: The Complete Teachers' Guidebook*. 5th ed. Los Gatos, CA: Sky Oaks, 1996.

Krashen, Stephen D., and Tracy D. Terrell. *The Natural Approach: Language Acquisition in the Classroom*. Prentice Hall Europe, 1988.

Krashen, Stephen D. *The Power of Reading*. Englewood, CO: Libraries Unlimited, 1993.

MacGowan-Gilhooly, Adele. *Fluency First in ESL*. Audiotape and handout of "TeleTESOL" session on June 22, 1993. Alexandria, VA: Teachers of English to Speakers of Other Languages.

Ray, Blaine, and Contee Seely. *Fluency Through TPR Storytelling*. 2nd ed. USA: Command Performance Language Institute, 1998.

Seely, Contee, and Elizabeth Romjin. *TPR is More Than Commands—At All Levels*. Berkeley, CA: Command Performance Language Institute, 1998.

TPR Stories for *Paso a paso*

Complete Support for 14 Thematic Units

PASO A PASO

1

Capítulo 1

Getting Started with TPR

Vocabulary lists (Book 1, pp. 25 and 53; Book A, pp. 25 and 63) and TPR First Words List

Las partes del cuerpo

la boca	el dedo del pie	la lengua	el ombligo
el brazo	derecho, -a	el lomo	la oreja
la cabeza	la espalda	la mano	la pata
la cara	el estómago	las muelas	el pelo
el cuello	la frente	la nariz	el pie
el cuerpo	la garganta	el ojo	la pierna
el dedo	izquierdo, -a		

Las palabras de TPR

abraza	dile / le dice	huele (a)	rápidamente
agarra	le duele	lentamente	recibe
el agujero	duérmete / se duerme	levántate / se levanta	recoge
el almuerzo	empieza	llega	regresa
baila	encuentra	llora	ríete / se ríe
el baño	enfrente de	maneja	rompe
bebe	escóndete / se esconde	mira	sale con
besa	escribe	necesita	siéntate / se sienta
busca	escucha	la pared	sonríe
el cacahuate	la escuela	la película	una gran sorpresa
cáete / se cae	Está corriendo.	el perro	el suelo
camina	Está llorando.	pídele / le pide	tiene
canta	estornuda	pone	tira
el cochino	golpea	pregúntale / le pregunta	tócate / toca
come	grita	quéjate / se queja	tonto, -a
corre tras	guapo, -a	¡Qué lástima!	tropieza
dale / le da	el gusano	quiere bailar	los zapatos
derrama	el hermano menor		

Read the Cultural Overview (Book 1, pp. 1B and 25B; Book A, pp. 1B and 25B) to students.

Lección 1

Three words: Tócate la boca. Tócate la mano. Tócate la cabeza.

Modeling: *(Model gestures and then have students copy them.)*
Tócate la boca. Tócate la cabeza. Tócate la mano. Tócate la cabeza. Tócate la mano. Tócate la boca. Tócate la mano. Tócate la cabeza.

Delayed modeling: *(Say the word, have students gesture, and then you gesture.)*
Tócate la mano. Tócate la cabeza. Tócate la boca.

Removal of modeling: *(Say the word and then have students gesture.)*
Tócate la boca. Tócate la mano. Tócate la cabeza.

Tricking: *(Say one word and gesture another to determine if students know the words well enough to have stopped depending on the modeling.)*
Tócate la boca. (Señala la mano.)

Add three words: Tócate el pie. La mano derecha. La mano izquierda. Follow the four TPR steps: Modeling, Delayed Modeling, Removal of Modeling, and Tricking. Mix previous set of three in with current set of three.

Add three words: Tócate el brazo. Tócate el dedo. Baila.
Follow the four TPR Steps. Include previous sets of three.

Chain Commands
Say all three quickly and in succession. Have students do all three gestures quickly and in the same order.

La mano, la boca, el brazo / Baila, el dedo, la mano derecha / La cabeza, la mano izquierda, el pie

Check for Barometer Students
Have students close their eyes. Say words in groups of three. Have students do three gestures in succession. Say another set of three. Check for comprehension and look for any students who seem to lack confidence or who are gesturing incorrectly. Be careful to practice the vocabulary enough so that those students begin to gesture correctly on a consistent basis. To ensure that pacing is neither too fast nor too slow, use this technique to find a student in the 20th-40th percentile. Then check all of the gestures as well as the English definitions with the barometer student selected. Any words that this student does not know well should be practiced again in the next lesson.

Novel Commands
Students use TPR, but do not speak. You may ask individual students to act out some directions.

Tócate la boca con la mano derecha. Tócate la boca con el pie. La boca baila. El brazo baila. Tócate el brazo con la mano derecha. La mano derecha baila. Tócate el brazo con la cabeza. La cabeza baila. Tócate la cabeza con la mano izquierda. La mano izquierda baila. Tócate la cabeza con el dedo. El dedo baila. Todos los dedos bailan.

Lección 2

Add three words: Besa. Abraza. El pie izquierdo.
Add three words: Tócate el cuello. Tócate la nariz. Tócate el dedo del pie.
Add three words: Tócate la oreja. Tócate la espalda. Tócate el estómago.
Follow the four TPR steps. Mix previous sets of three in with current sets.

Chain Commands
Say all three quickly and in succession. Have students do all three gestures quickly and in the same order.

Fist Game
Direct students to place their right fist on top of their open left hand. As you ask them sets of three, have them flatten their right hand over their left if they cannot perform the three gestures, or remain holding their right fist if they can perform the correct gestures. Explain that you will only call on students who have made a fist. Ask sets of three and call on students to perform the gestures. Students should not speak.

> La cabeza, baila, la oreja / La nariz, la boca, la mano derecha / El pie izquierdo, la espalda, el dedo del pie / Abraza, la mano izquierda, besa

Novel Commands
Students use TPR to gesture, but do not speak. You may ask individual students to act out some directions.

> Tócate el cuello con la mano izquierda. El cuello baila. Tócate el cuello con el brazo. Tócate el dedo con la mano derecha. Besa el dedo. Tócate el dedo con la nariz. Tócate el dedo del pie derecho con el pie izquierdo. Abraza el dedo del pie. Tócate el dedo del pie con la oreja. La oreja baila. Tócate la espalda con el pie izquierdo. Tócate la espalda con el pie. La espalda baila. Tócate el estómago con las dos manos. Abraza el estómago. El estómago baila.

Read the Cultural Notes (Book 1 and Book A, p. 5) to students.

Lección 3

Add three words: Tócate la garganta. Tócate la lengua. Tócate las muelas.
Add three words: Tócate el pie derecho. Tócate el pelo. Tócate el ojo.
Add three words: Tócate el ombligo. Tócate la cara. Tócate el cuerpo.
Follow the four TPR steps. Mix previous sets of three in with current sets.

Chain Commands

Check for Barometer Students

Novel Commands

> Tócate la garganta con el dedo. El dedo baila. Diez dedos bailan. Tócate la lengua con el dedo. Tócate la lengua con el pie. La lengua baila. Tócate la mano izquierda con la mano derecha. ¡Aplaude! Tócate la mano con la cabeza. Abraza la cabeza. Tócate las muelas con los dedos. Tócate las muelas con la lengua. Tócate la nariz con el pie derecho. Besa el pie derecho. Abraza el pie izquierdo. Tócate la nariz

con el pelo. Besa el pelo. El pelo baila. Tócate la oreja con la mano izquierda. Tócate la oreja con el pelo. Tócate el ojo con el dedo. ¡Ay! Tócate el ojo con las dos manos. Tócate el ombligo con dos dedos. El ombligo baila. Tócate el ombligo con la nariz. Tócate el pelo con las dos manos. Tócate el pelo con el pie. Besa el pelo. Tócate el pie con el estómago. Tócate el pie con la mano izquierda. Abraza la mano izquierda. Tócate la pierna con el brazo. Abraza la pierna. Besa el brazo. Tócate la pierna con la cabeza. Tócate todo el cuerpo con las manos. Tócate todo el cuerpo con los dedos. Abraza el cuerpo. Tócate todo el cuerpo con la nariz.

Lección 4

Add three words: El bolígrafo. El (la) compañero(a) de clase. El pupitre.
Add three words: Señala el libro. El estudiante. La pizarra.
Add three words: La estudiante. La mesa. Mira.
Follow the four TPR steps. Mix previous sets of three in with current sets.

Check for Barometer Students

Novel Commands

Tócate la cabeza con el bolígrafo. El bolígrafo baila. Toca el brazo de un(a) compañero(a) de clase con el bolígrafo. Abraza el bolígrafo. Mira el bolígrafo. Toca el pupitre con el bolígrafo. Toca el pupitre con el pie. Abraza el pupitre. Toca el pupitre con el brazo. Toca el pupitre con la cabeza. Toca el pupitre con la espalda. Besa el pupitre. Mira el pupitre. Tócate la espalda con el bolígrafo. La oreja toca el pupitre de un(a) compañero(a) de clase. El (la) compañero(a) de clase baila. Toca el libro con el ombligo. Mira el libro. Toca el libro con la pierna. Mira el libro. Besa el libro. Abraza el libro. El libro baila. El pupitre baila. Señala la mesa. Señala el pupitre. Señala la pizarra. Besa la pizarra. Toca la pizarra con la espalda. Toca el pupitre con el ombligo. Toca el libro con la oreja. Toca la pizarra con el pie. Toca al estudiante con un bolígrafo. Toca a la estudiante con el libro. Tócate la cabeza con el pupitre. Señala la mesa con el bolígrafo. Señala la pizarra con el bolígrafo. Besa el pupitre. Abraza el pupitre. El bolígrafo baila. Todos los estudiantes bailan. Todos los estudiantes se besan. *(Refer to the Introduction, p. xii, for a reminder about "air kissing.")*

Read the Cultural Notes (Book 1 and Book A, p. 9) to students.

Lección 5

Add three words: El (la) profesor(a). La sala de clases. La hoja de papel.
Add three words: La pared. El suelo. Golpea.
Add three words: Camina. Llora. La frente.
Add three words: Rápidamente. Corre. Lentamente.
Follow the four TPR steps. Mix previous sets of three in with current sets.

Chain Commands

Fist Game

Novel Commands

La profesora baila rápidamente en la sala de clases. La profesora llora lentamente. Los estudiantes bailan rápidamente en la sala de clases. Bailan lentamente. Los pupitres bailan rápidamente en la sala de clases. La boca baila lentamente en la sala de clases. La hoja de papel camina en la sala de clases. El bolígrafo baila en la hoja de papel. Abraza la hoja de papel. Toca la hoja de papel con la frente. Besa lentamente la hoja de papel. Besa rápidamente la hoja de papel. La profesora besa la hoja de papel. Señala la pared con la frente. Señala el suelo con la frente. Camina rápidamente a la pared. Llora a la pared. Golpea la pared con la frente. Golpea la pared con el ombligo. Golpea el suelo con el ombligo. Golpea el suelo con la frente. Besa el suelo. La frente corre rápidamente. La frente corre lentamente. Corre rápidamente en el suelo. Corre lentamente en el suelo. Llora rápidamente. Llora lentamente. Llora como un bebé. Camina en el suelo. Golpea el suelo con los pies. Abraza la pared. Abraza el suelo. El bolígrafo baila rápidamente en el suelo. El bolígrafo baila lentamente. El pupitre camina en el suelo. La hoja de papel camina en el suelo.

Lección 6

Add three words: Levántate. Siéntate. Come.
Add three words: Bebe. Derrama. Grita.
Add three words: Cocina. Toca la guitarra. Huele (a).
Follow the four TPR steps. Mix previous sets of three in with current sets.

Three-ring Circus

(Invention of Berty Segal) Choose three volunteers. Give each of them one set of directions and direct them not to stop.

VOLUNTEER #1 (Esteban): Camina a la pared. Golpea la pared con el pie. Camina al pupitre. Golpea el pupitre con la mano. Camina a la pared. No pares.
VOLUNTEER #2 (Amelia): Baila a la pizarra. Abraza la pizarra. Baila al pupitre. Abraza el pupitre. Baila a la pizarra. No pares.
VOLUNTEER #3 (Juan): Toca la guitarra y grita. No pares.

Ask the class questions about the three volunteers. Students should give yes / no answers or the name of one of the volunteers.

Questions

¿Quién está caminando a la pared, Esteban o Amelia? ¿Juan está bailando a la pizarra? No. Juan no está bailando. ¿Quién está abrazando la pizarra? ¿Quién toca la guitarra? ¿Quién golpea el pupitre con la mano? ¿Con qué golpea el pupitre, con la mano o con la cabeza? ¿Cómo camina Esteban, rápidamente o lentamente?

Continue to ask questions, but have students respond with one-word answers.

¿Adónde camina Esteban? ¿Amelia camina a la pizarra? Juan toca la guitarra y _____. ¿Cómo camina Esteban? ¿Qué toca Juan? ¿Con qué golpea la pared Esteban?

Continue to ask questions. Have students try to answer more open-ended questions.

¿Qué hace Juan? ¿Qué hace Amelia? ¿Qué hace Esteban?

Novel Commands

Levántate. Toca la guitarra. Siéntate. Siéntate en el suelo. Toca la guitarra. Levántate rápidamente. Siéntate lentamente. Come rápidamente. Come lentamente. Come el pupitre. Come la mano. La mano come el pupitre. Siéntate en el pupitre. Toca la guitarra. Bebe un _____ (*brand name of soft drink, "R"*). Bebe un R grande. Bebe un R pequeño. Bebe rápidamente un R y toca la guitarra. Derrama el R en la guitarra. Derrama el R en la camisa. Derrama el R en los pantalones. ¡Grita! Bebe el R y lo derrama en el pie. Grita a un(a) compañero(a) de clase. Derrama un R en la cabeza. Derrama un R en la cabeza de otro(a) estudiante en la clase. Cocina. Cocina una sopa. ¿Huele bien? Huele la sopa. Huele a tacos. Derrama la sopa en la camisa. Come el almuerzo (a las doce). Cocina un taco muy, muy pequeño. Come 30 tacos pequeños. Mmmmm. Cocina una enchilada. Come la enchilada. Derrama la enchilada en el estómago. Siéntate en la enchilada y toca la guitarra grande. Cocina un burrito. Siéntate en el burrito. Levántate. Huele el burrito. Huele bien. Come el burrito del suelo. Grita: "¡Ay!" Toca la guitarra muy, muy pequeña.

Oral Practice

Have students form pairs. Tell each pair to think of three words that they have acquired so far and to quiz each other on these three. First one partner answers questions from the other and responds by performing three gestures for the words that he or she has acquired. Then the other partner answers questions and performs three gestures for the words that he or she has acquired.

Read the Cultural Note (Book 1, p. 15) to students.

Lección 7

Add three words: Habla por teléfono. Ayuda en casa. Escucha música.
Add three words: Ve la televisión. Agarra. Se ríe.
Add three words: Tira. Escucha. Le duele.
Follow the four TPR steps. Mix previous sets of three in with current sets.

Chain Commands

Fist Game

Novel Commands

Remember that novel commands are the lifeline of the TPRS program. If the pace is too slow or if students are losing interest, liven up the novel commands by asking one volunteer to act out commands that you have created. The directions should be ridiculous but should still activate the vocabulary.

Ve la televisión. Ríete de la televisión. Agarra el televisor. Abraza el televisor. Habla por teléfono y ve la tele. Habla por teléfono y grita. Habla por teléfono y escucha música y grita y ve la televisión. Ayuda en casa y escucha música y habla por teléfono y ve la televisión. Agarra el teléfono. Besa el teléfono. Escucha música por teléfono. Ríete del teléfono. Ríete del (de la) profesor(a).

Personalized Mini-Situation

Choose a student in class to be the hero or heroine of this personalized mini-situation. Tell a story about the student using this vocabulary. The student can act out the story or stay at his or her desk.

Al muchacho que se llama _____ de la clase de español le duele la cabeza porque ve mucho la televisión. Es el muchacho más inteligente de todo el mundo. ¿Quién es más inteligente, _____ o Albert Einstein? ¡Sí! _____ es más inteligente. Los lunes le gusta ver _____ *(name of TV show)*. Los martes ve _____. Los miércoles ve _____. Un día la mamá agarra el televisor y lo tira y le grita a él: "¡Ya no puedes ver más televisión!" Ahora el muchacho habla por teléfono con sus compañeros de clase y escucha la televisión por teléfono. El lunes escucha _____ *(name of TV show)*. El martes escucha _____ *(name of TV show)*. Y ahora no le duele la cabeza.

Questions about the Personalized Mini-Situation

¿Quién ve la televisión? ¿Por qué le duele la cabeza? ¿Es muy inteligente _____? ¿Qué ve los lunes? ¿Qué hace la mamá? ¿Por qué? ¿Ve demasiado la televisión? ¿Quién agarra el televisor? ¿A quién habla por teléfono? ¿Por qué? ¿Qué escucha por teléfono? ¿Por qué no le duele la cabeza?

Read the Cultural Notes (Book 1 and Book A, p. 19) to students.

Lección 8

Add three words: Sonríe. Recoge. Canta.
Add three words: Tropieza. Se cae. Lee.
Add three words: El gusano. ¡Qué lástima! Se duerme.
Add three words: Enfrente de. Corre tras. Llega.
Follow the four TPR steps. Mix previous sets of three in with current sets.

Chain Commands

Check for Barometer Students

Novel Commands

Hay un gusano en el suelo. ¡Bleech! Bebe un refresco. Camina rápidamente y canta: "La la la la." Tropieza con el gusano y cáete. Derrama el refresco en el estómago. Duérmete. ¡Qué lástima! Levántate. Camina y lee un libro. Tropieza con un perro y cáete. El libro te cae en la cabeza. Duérmete. ¡Qué lástima! Sonríe al perro. Duérmete. Recoge el perro. Duérmete. Canta al perro: "La la la la." El perro se duerme. Recoge el libro del suelo. Canta al libro: "La la la la." Canta rápidamente: "La la la la." Canta lentamente: "La . . . la . . . la . . . la." El libro se duerme. Cáete lentamente. Cáete rápidamente. Recoge el gusano grande. Sonríe al gusano. Canta al gusano: "La la la la." Come el gusano. ¡No! ¡No! ¡No!

Personalized Mini-Situation

Un muchacho de la clase de español que se llama _____ tropieza con un perro bonito. Tropieza y se cae al suelo. Se duerme en la calle porque le duele la cabeza. El perro ve a _____ durmiendo en la calle y lo recoge y le canta. *(Howl like a dog.)* Es el peor cantante de todo el mundo. No sabe cantar. ¡Qué lástima!

Questions about the Personalized Mini-Situation

¿Qué hace el muchacho? ¿Cómo es el perro? ¿Es bonito o no? ¿Por qué tropieza el muchacho con el perro? ¿Por qué duerme en la calle? ¿Qué hace el perro? ¿Recoge al muchacho o le grita? ¿Canta bien o canta mal?

Oral Practice

Have students form pairs. Tell each pair to think of three words that they have acquired so far and to quiz each other on these three. First one partner answers questions from the other and responds by performing three gestures for the words that he or she has acquired. Then the other partner answers questions and performs three gestures for the words that he or she has acquired.

Lección 9

Add three words: Va a la escuela. Va al cine. Nada.
Add three words: Patina. Practica deportes. Está con amigos.
Add three words: La película. Los zapatos. Tiene.
Add three words: Gracioso. Perezoso. Quiere bailar.
Follow the four TPR steps. Mix previous sets of three in with current sets.

Chain Commands

Check for Barometer Students

Novel Commands

Va a la escuela con zapatos. Va a la escuela sin zapatos. Nada a la escuela. Va a la escuela cantando: "La la la la." Va a la escuela gritando y con zapatos muy pequeños. Va a la escuela patinando. Patina a la escuela. Patina al cine. Nada al cine. Va al cine a ver una película pero no tiene dinero. ¡Qué lástima! Va al cine a ver _____ *(name of recently released movie)*. Va al cine a ver una película mala. Va al cine a ver la mejor película de todas pero no tiene zapatos. ¡Qué lástima! Va a la escuela a practicar deportes. Va a la escuela a nadar. Tiene zapatos. ¡Nada en los zapatos! ¡Qué lástima! Va al cine a practicar deportes. Tiene un balón grande. Tiene un balón pequeño. ¡Ay! ¡No va al cine! ¡Va a la escuela! Va a la escuela para estar con amigos. Está cantando con amigos. Está nadando con amigos. Está bailando con amigos. Está con amigos en el cine. Hay un perro en el cine. El perro nada. El perro tiene zapatos. El perro es gracioso. El perro quiere bailar. Ríete del perro. El perro quiere bailar. Baila. Baila. El perro es perezoso. El perro se sienta en el suelo. El perro se duerme. Es muy perezoso. No baila. Mira el perro gracioso y perezoso. Duérmete con la cabeza en el lomo del perro.

Personalized Mini-Situation

Un muchacho va al cine a ver una película muy mala. El perro va al cine a ver una película mala también. El perro se duerme en el cine porque es perezoso. El muchacho se duerme con la cabeza en el lomo del perro perezoso. El muchacho está con amigos en el cine. Los amigos se ríen del muchacho.

Questions about the Personalized Mini-Situation

¿Adónde va el muchacho? ¿Por qué? ¿Va a ver una película buena? ¿Por qué se duerme el perro en el cine? ¿Porque es perezoso o porque no tiene casa? ¿Cómo duerme el muchacho? ¿Duerme con la cabeza en la pata del perro? ¿Qué hacen los amigos?

Quiz

Give students a very short quiz in which they have to draw ten words that are presented to them orally. The purpose of the quiz is to give students confidence in their newly acquired language and also to assess their comprehension and acquisition of new vocabulary.

Read the Cultural Notes (Book 1 and Book A, p. 27) to students.

Lección 10

Add three words: Dibuja. Escribe. Rompe.
Add three words: Le da. Recibe. Le pide.
Add three words: Busca. Encuentra. El cochino.
Add three words: Le dice. Regresa. Mira.
Follow the four TPR steps. Mix previous sets of three in with current sets.

Chain Commands

Fist Game

Novel Commands

Dibuja en el aire. Escribe su nombre en el aire. Escribe su nombre en el suelo. ¿Cómo se escribe *México?* Escribe *México* en el pupitre con el dedo. Dibuja en el suelo. Dibuja en el pupitre con un bolígrafo. ¡Rompe el bolígrafo! Dale el bolígrafo a _____. Pídele un bolígrafo a _____. Recibe el bolígrafo. Dale un bolígrafo a _____. Recibe un bolígrafo de _____. Pídele un gusano a _____. Dale un gusano a _____. Recibe un gusano. El cochino es gracioso. El cochino quiere bailar. Ríete del cochino. Busca el cochino gracioso. Busca y busca. Dile: "¡Cochino! ¡Cochino!" ¡Lo encuentra! Mira el cochino. Le dice: "Hola, Cochino." El cochino quiere bailar. Baila. Baila. El cochino regresa a la casa. Es perezoso. El cochino se sienta en el suelo. El cochino se duerme. Es muy perezoso. No baila. Mira el cochino gracioso y perezoso. Duérmete con la cabeza en el lomo del cochino.

Personalized Mini-Situation

_____ le da un cochino a _____ *(another classmate)* porque es muy generoso. _____ *(another classmate)* le dice: "¡Gracias!" y le pide salsa de tomate para el cochino. _____ grita y le dice: "¡No! ¡Es mi amigo!" _____ agarra el cochino y corre y corre y corre con el cochino.

Questions about the Personalized Mini-Situation

¿Quién le da un cochino? ¿A quién le da el cochino? ¿Por qué le da el cochino? ¿Porque es generoso(a) o tacaño(a)? ¿Qué le pide al cochino? ¿Por qué? ¿Qué quiere hacer con el cochino? ¿Quiere cocinar el cochino? ¿Quiere comer el cochino? ¿Quién agarra el cochino? ¿Por qué? ¿Quién corre?

Read the Cultural Notes (Book 1, pp. 29 and 39; Book A, p. 29) to students.

Lección 11

Add three words: El hermano menor. Sale con. Una gran sorpresa.
Add three words: Trabajador. Agujero. Necesita.
Add three words: Maneja. Empieza. Se queja.
Add three words: Pregunta. El baño. Llorando.
Follow the four TPR steps. Mix previous sets of three in with current sets.

Chain Commands

Check for Barometer Students

Personalized Mini-Situation

_____ maneja el coche al cine a ver una película. La película empieza. ¡El hermano menor de _____ está en el cine con siete muchachas. Sale con siete muchachas. ¡Es una gran sorpresa para _____! Se queja y se queja porque el hermano menor está en el cine con siete muchachas cuando empieza la película. _____ maneja el coche muy rápidamente del cine. _____ quiere manejar a un restaurante. Maneja el coche muy lentamente. ¡No tiene gasolina! ¡Es una gran sorpresa! Se queja y se queja. Empieza a llorar. Llora y llora. Mira el coche. Hay un agujero en el tanque de gasolina y la gasolina se escapa. _____ mira el agujero. Es muy pequeño. _____ pone el dedo en el agujero. Necesita más gasolina. El hermano menor de _____ es muy generoso. _____ llama por teléfono a su hermano menor. El hermano menor camina y camina y camina 29 millas. Es muy trabajador. El hermano menor tiene gasolina. El hermano menor tiene que ir al baño. Regresa al cine para ir al baño. Mira el resto de la película. _____ se queja y se queja porque su hermano menor camina y no corre. Cuando llega, _____ le pregunta: "¿Por qué no corres más rápidamente?"

Questions about the Personalized Mini-Situation

¿Quién maneja el coche? ¿Adónde maneja? ¿Por qué? ¿Quién está en el cine? ¿Con quién sale el hermano menor? ¿Por qué se queja _____? ¿Adónde va _____? ¿A qué restaurante? ¿Qué necesita _____? ¿Necesita un agujero? ¿Necesita gasolina? ¿Qué hace _____ con el agujero? ¿Por qué no corre más rápidamente su hermano menor? ¿Por qué se queja _____?

Retell the story intentionally making mistakes, and then have students correct them. For example: Maneja una película. No, un coche.

Lección 12

Add three words: Pone. Se esconde. Amable.
Add three words: Está corriendo. Tonto, -a. Tacaño, -a.
Add three words: Estornuda. Le dice. ¡Perdóname!
Add three words: Atrevido, -a. Callado, -a. Deportista.
Follow the four TPR steps. Mix previous sets of three in with current sets.

Three-ring Circus

VOLUNTEER #1 (Catrina): Corre tras un perro. Le canta "La Bamba" al perro.
Corre tras . . . No pares.

VOLUNTEER #2 (Rosalinda): Tropieza con un cacahuate y se cae. Levántate.
Tropieza . . . No pares.

VOLUNTEER #3 (Felipe): Maneja a la pizarra. Come la pizarra. Maneja al pupitre.
Come el pupitre. Maneja a la pizarra. No pares.

Questions

¿Quién corre tras el perro, Catrina o Rosalinda? ¿Quién tropieza con el cacahuate?
¿Quién canta "La Bamba"? ¿Con qué tropieza Rosalinda? ¿Qué come Felipe? ¿Cómo
canta Catrina, bien o mal? ¿Qué hace Felipe? ¿Maneja o tropieza? ¿Qué hace
Rosalinda? ¿Se cae o canta? ¿Qué hace Catrina? ¿Qué hace Rosalinda?

Novel Commands

Está corriendo al pupitre. Está corriendo a la pizarra. Dale un millón de dólares a
una persona que no tiene casa. ¡Qué generosa! Y ¡qué amable! Dale un centavo a
una persona que no tiene casa. ¡Qué tacaño! Estornuda. Estornuda rápidamente.
Estornuda lentamente. Estornuda como un gorila grandísimo. Estornuda como un
bebé muy pequeño. Maneja a la escuela. Llega enfrente de la escuela. Es deportista.
Juega vóleibol enfrente de la escuela. Tápate la cara con las manos y escóndete. Está
llorando como un bebé. Está llorando como un perro. Maneja a la casa. Llega a la
casa. Escóndete en la casa. Mira un perro. Corre tras el perro. El perro es tonto. El
perro no corre. Se duerme en el suelo. Corre tras el (la) profesor(a). Corre tras el
estudiante. El estudiante es atrevido y le dice: "Grrrrrrr." Se esconde enfrente del
(de la) profesor(a). Pregúntale: "¿Cómo estás?" Pregúntale: "¿Dónde está el baño?"
El (la) profesor está callado(a). No le dice nada. El (la) profesor(a) estornuda. El (la)
profesor(a) le dice: "¡Perdóname!" Quéjate y quéjate de que la clase es difícil. El (la)
profesor(a) corre al baño y llega al baño. Se esconde en el baño. Se tapa la cara con
las manos. Llora y llora.

Personalized Mini-Situation

Una muchacha que se llama _____ es muy atrevida y amable. Se esconde en la
escuela. Ve a una persona enfrente de la escuela que no tiene ni casa ni dinero. Corre
a la persona y le da un millón de dólares. Corre muy, muy rápidamente y regresa a la
escuela. La persona pone el dinero en los pantalones, sonríe y dice: "¡Qué generosa!"

Questions about the Personalized Mini-Situation

Ask questions about the personalized mini-situation that require only one-word
answers.

Illustrated Picture Dictionary

During class, have students copy the vocabulary words for this story from the overhead or board into their Illustrated Picture Dictionaries (IPD) and illustrate them for
homework. Have students create IPDs by drawing 12 frames on each side of several
pieces of notebook paper. Each frame will contain a vocabulary word and the student's
illustration of that word. Alphabetizing the list in advance makes it a more helpful
reference.

inicuentos

1. Have students act out the stories as you tell them.
2. Read the dialogue, but do <u>not</u> have the actors repeat it.
3. All kissing should be "air kissing" on each cheek.
4. Coach good acting. (Encourage students to "ham it up.")
5. Maintain the space. (The house should be in the same place each time that students act out the story.)
6. Describe student actors as being as beautiful as famous models, as smart as famous inventors, as athletic as famous athletes, and as always being the _____ (strongest, nicest, etc.) people in the whole world.

Have students read and discuss Perspectiva cultural *(Book 1, pp. 40–41; Book A, pp. 36–37 and pp. 52–53).*

Minicuento 1

(Have student volunteers act out the mini-story.)

El muchacho que se llama _____ camina a la casa de _____. La muchacha lo mira. El muchacho le da un cacahuate. La muchacha le sonríe porque le gustan los cacahuates.

Retell this same story two or three times with slight variations. Try to make the language as natural as possible, so that students don't think that they should attempt to memorize it. Here are two possible examples of retellings.

Retelling example A

Hay un muchacho que se llama _____ en nuestra clase de español. _____ es muy amable. Es el muchacho más amable de todo el mundo. _____ camina a la casa de _____ y le da 31 cacahuates. La muchacha lo mira y le sonríe. Le gustan mucho los cacahuates.

Retelling example B

_____ camina rápidamente a la casa de _____ con un millón de cacahuates. El muchacho le da los cacahuates. Ella lo mira y le sonríe porque le gustan mucho los cacahuates.

Asking questions, Making mistakes, and Filling-in-the-blanks

¿Cómo se llama el muchacho? ¿Se llama Bert? ¿Cómo se llama la muchacha? ¿Minnie? ¿Adónde camina el muchacho? ¿A la Casa Blanca (donde vive el Presidente)? ¿Quién mira al muchacho? ¿Qué le da el muchacho? ¿Una casa? ¿Le da chocolate? ¿Le da un cacahuate? ¿Cuántos cacahuates le da? ¿La muchacha se ríe de él? No. ¿Le sonríe? ¿Por qué? ¿Porque le gustan los cacahuates? Bert camina a la casa de Minnie. ¿Sí? ¿No? Oh, _____ camina a la casa de _____ porque tiene un millón de gusanos. ¿No? Tiene un millón de . . . cacahuates. El muchacho que se llama _____ come los cacahuates. ¿Sí? No. El muchacho *(make gesture for giving)* . . . le da los cacahuates. La muchacha lo . . . mira y los agarra. ¿No? Y le . . . sonríe. A la muchacha le gustan mucho los gusanos. No, no, no. . . . Los cacahuates.

Illustrated Picture Dictionary

During class, have students copy the vocabulary words for this story from the overhead or board into their Illustrated Picture Dictionaries (IPD) and illustrate them for homework.

Read the Cultural Notes (Book 1, p. 41; Book A, p. 37) to students.

Minicuento 2

El martes, un cochino que se llama _____ baila a la casa de _____, la muchacha más bonita de todo el mundo. Le dice: "¡Buenos días! ¿Cómo está usted?" y le da un cacahuate grande. La muchacha le dice: "Muy bien, gracias. ¿Y usted?" Él le dice: "Muy bien. ¿Te gustan los cacahuates?" La muchacha le dice: "Sí, me gustan mucho los cacahuates." _____ besa el cacahuate y abraza el cacahuate y le dice al cochino: "¡Hasta luego!" El cochino llora enfrente de la casa porque quiere un beso también.

Retelling example A

El cochino que se llama _____ baila a la casa de _____ el martes. _____ es la muchacha más bonita de todo el mundo. Es más bonita que _____ *(name of celebrity)*. ¿Quién es más bonita, _____ o _____ *(name of famous model)*? _____ es más bonita. El cochino le dice: "¡Buenos días! ¿Cómo está usted?" y le da un cacahuate grande. _____ le dice: "Muy bien, gracias. ¿Y usted?" El cochino le responde: "Muy bien. ¿Te gustan los cacahuates?" _____ le dice: "Sí, me gustan mucho los cacahuates." La muchacha le da un beso grande al cacahuate. También abraza el cacahuate. Le dice al cochino: "¡Hasta luego, Cochino." El cochino llora enfrente de la casa porque quiere un beso también.

Retelling example B

El martes, el cochino, _____, baila a la casa de _____ porque es la muchacha más bonita de todo el mundo. Es más bonita que _____ *(name of celebrity)*. El cochino le dice: "¡Buenos días! ¿Cómo está usted?" y le da un cacahuate grandísimo. La muchacha le dice: "Muy bien, gracias. ¿Y usted?" El cochino le dice: "Estoy bien. ¿Te gustan mucho los cacahuates, _____?" La muchacha le dice: "Sí, me gustan los cacahuates." La muchacha besa el cacahuate grande y también abraza el cacahuate grande. La muchacha bonita le dice al cochino: "¡Hasta luego!" El cochino llora y llora y llora y llora enfrente de la casa porque también quiere un beso.

Asking questions, Making mistakes, and Filling-in-the-blanks

¿Qué día es? ¿Es martes o miércoles? Es martes. Un perro . . . No. Un cochino que se llama Henry. ¿No? Oh, se llama _____. _____ baila a la casa de _____, la muchacha más perezosa de todo el mundo. Es más perezosa que . . . ¿No? ¿No es perezosa? ¿Cómo es la muchacha? ¿Es la muchacha más bonita de todo el mundo? El cochino le dice: "¿Cuál es tu número de teléfono?" No, le dice: "¡Buenos días! ¿Cómo está usted?" y le da un . . . Sí, un cacahuate grande. ¿Quién le dice: "Muy bien, gracias. ¿Y usted?"? Sí, la muchacha. El cochino le dice: "Muy bien. ¿Te gustan los . . . ?" Sí, los cacahuates. _____ le dice: "Sí, me gustan mucho los cacahuates." Sí, la muchacha. La muchacha besa el cochino. No. ¿Qué besa? Sí, el cacahuate. Y abraza el cacahuate y le dice al cacahuate: "¡Hasta luego!" ¿No? ¿A quién le dice: "¡Hasta luego!"? ¿Al cochino? Sí, al cochino. El . . . Sí, el cochino . . . *(make gesture for cries)* llora y llora y llora enfrente de la casa porque quiere un abrazo. . . . ¿Qué quiere? ¿Un beso? Sí, quiere un beso también.

Illustrated Picture Dictionary

During class, have students copy the vocabulary words for this story from the overhead or from the board into their Illustrated Picture Dictionaries and illustrate them for homework.

Minicuento 3

La muchacha que se llama _____ come cacahuates. Derrama todos los cacahuates en el estómago. Tiene un cacahuate en el ombligo. Camina a la oficina del médico. Tropieza y se cae. El cacahuate se cae del ombligo también. La muchacha busca el cacahuate y lo encuentra en el suelo. La muchacha come el cacahuate.

Retell the story two or three times with slight variations.

Asking questions, Making mistakes, and Filling-in-the-blanks

Illustrated Picture Dictionary

Read the Cultural Notes (Book 1, p. 47 and Book A, p. 59) to students. (Minicuento 10 is about the festival in Ambato.)

Minicuento 4

El miércoles, la muchacha que se llama _____ habla por teléfono con su amiga _____. Su amiga no puede dormir. _____ corre a la casa de su amiga, _____, con su guitarra. Le dice: "¡Buenas noches! ¿Cómo estás?" La amiga le dice: "Así, así." Toca la guitarra y canta y su amiga se duerme. _____ se levanta y se escapa de la casa, pero tropieza y la guitarra se cae. Se le rompe la guitarra. _____ llora y llora y llora y su amiga no puede dormir.

Retell the story two or three times with slight variations.

Asking questions, Making mistakes, and Filling-in-the-blanks

Illustrated Picture Dictionary

Oral Practice

For homework, have students illustrate the story. When they return to class the next day, have them retell the story to a partner using the illustrations.

Read the Cultural Notes (Book 1, p. 49) to students.

Minicuento 5

El jueves, el hermano menor de _____, que se llama _____, tiene chicle. Una muchacha mala lo mira. La muchacha mala quiere el chicle. La muchacha mala agarra el chicle de la boca del hermano menor de _____ y se lo pone en la boca porque es tacaña. _____, una muchacha atrevida, ve a la muchacha mala y a su hermano menor. Corre tras la muchacha mala y le pide el chicle. La muchacha mala le da el chicle a _____. _____ recibe el chicle y le da el chicle a su hermano menor y lo abraza. El hermano menor es tacaño también. El hermano menor se lo pone en la boca.

Retell the story two or three times with slight variations.

Asking questions, Making mistakes, and Filling-in-the-blanks

Illustrated Picture Dictionary

Oral Practice
Have students form pairs and practice telling the story to each other. Give them two minutes, and then stop them when time is up, even if they have not finished. Ask for a volunteer from each pair to tell the story to the class.

Read the Cultural Notes (Book 1, p. 51; Book A, p. 63) to students.

Minicuento 6

El viernes, un perro tonto que se llama _____ va a la casa de una muchacha. Él le canta "La Bamba" a la muchacha muy lentamente. La muchacha lo mira y no dice nada. El perro tira 22 cacahuates en el aire, los recoge del suelo, baila La Macarena, y canta "La Bamba." La muchacha lo mira y no dice nada. _____ dibuja en el suelo, grita, patina y tira 22 cacahuates en el aire, los recoge del suelo, baila La Macarena, y canta "La Bamba." La muchacha le aplaude mucho. La muchacha le dice: "Eres muy gracioso." El perro le sonríe y le da un beso grande.

Retell the story two or three times with slight variations.

Asking questions, Making mistakes, and Filling-in-the-blanks

Illustrated Picture Dictionary

Read the Cultural Note (Book 1, p. 53) to students.

Minicuento 7

El lunes, un estudiante que se llama _____ va a la escuela y mira al (a la) profesor(a) porque come cacahuates y bebe un refresco en la sala de clases. El estudiante se sienta en el pupitre y escribe la tarea y lee sus libros y estudia. El (la) profesor(a) derrama el refresco y los cacahuates en la camisa. El (la) profesor(a) se esconde en el baño porque los estudiantes se ríen de él (ella). ¡Qué lástima! Los estudiantes son muy deportistas y todos los estudiantes empiezan a practicar deportes en la sala de clases.

Retell the story two or three times with slight variations.

Have students read ¡Vamos a leer! *(Book 1, pp. 48–49; Book A, pp. 60–61). Then have them discuss the pre-reading strategies of using prior knowledge, making predictions, and scanning.*

Minicuento 8

El sábado, un muchacho sale con una muchacha muy bonita. El muchacho no es muy trabajador. Es perezoso. La muchacha quiere bailar y escuchar música. El muchacho quiere ir al cine a ver una película. El muchacho maneja a la casa de la muchacha pero ve que tiene un agujero en el zapato. ¡Ay! Se queja y se queja de que tiene un agujero en el zapato. Regresa a su casa y ve la televisión. El muchacho no llega a la casa de la muchacha. La muchacha grita y golpea el suelo con las manos. Todavía quiere bailar y escuchar música. Ahora está bailando con amigos, pero le duelen las manos.

Retell the story two or three times with slight variations.

Asking questions, Making mistakes, and Filling-in-the-blanks

Illustrated Picture Dictionary
Running out of time? Feel like you need to move on to Chapter 2? Try presenting the following mini-story as a listening comprehension exercise. Read it three times. On their own paper, have students draw a six-frame cartoon to illustrate the story.

Minicuento 9

_____ tiene cuatro años. A veces, _____ ayuda a sus padres en casa. El domingo está cocinando. No cocina bien. Cocina una sopa de cacahuates y gusanos. Huele mal. La mamá de _____ le dice: "Buenas tardes, _____." _____ le dice: "Es una sopa de cacahuates, Mami." La mama le dice: "¿De veras?" La mamá come un poco de sopa. La mamá mira la sopa. Un gusano nada en la sopa. ¡Es una gran sorpresa! _____ le pregunta: "¿Te gusta mucho la sopa, Mami?" A la madre no le gusta nada la sopa. No le gustan ni los cacahuates ni los gusanos. Tampoco le gusta el agua en la sopa. La madre le dice: "Pues . . . sí me gusta mucho." _____ le dice: "A mí también." La mamá necesita beber un poco de agua.

Retell the story two or three times with slight variations.

Asking questions, Making mistakes, and Filling-in-the-blanks

Illustrated Picture Dictionary

Minicuento 10

Es febrero en Ambato durante la fiesta de Frutas y Flores. Un muchacho ve a una muchacha. Le dice a ella: "¿Qué tal?" Ella le dice: "Muy bien. ¿Cómo te llamas?" Él le dice: "Me llamo _____." Ella le dice: "Mucho gusto." Y él responde: "Igualmente. ¿Cuántos años tienes?" Ella le responde: "Tengo 15 años." "¡Yo también tengo 15 años!" le dice el muchacho. "¿Cuándo es tu cumpleaños?" le pregunta la muchacha. "¿Cuál es la fecha de hoy? ¿Es el 12 de febrero? ¡Hoy es mi cumpleaños!" le dice el muchacho. Ella le responde: "¡Hoy es mi cumpleaños también!" y le pregunta: "¿De dónde eres?" Él le responde: "Yo soy de Ambato, Ecuador." "¡Yo también soy de Ambato!" le dice la muchacha. El muchacho le pregunta: "¿Tú eres de Ambato también?" "¿Qué te gusta hacer?" le pregunta la muchacha. Al muchacho le encanta bailar y a la muchacha también. Son muy graciosos, ¿no? ¡Qué casualidad! Los dos son gemelos.

Retell the story two or three times with slight variations.

Asking questions, Making mistakes, and Filling-in-the-blanks

Illustrated Picture Dictionary
Using the vocabulary list from p. 1 and the vocabulary lists from pp. 25 and 53 in *PASO A PASO 1* and pp. 25 and 63 in *PASO A PASO A,* have students add any additional visualizable words to their picture dictionaries for homework.

Matching Test
After students appear to know the words, give them an English to Spanish matching test, using the words taught through TPR. It is also possible to test by means of drawing, but these kinds of tests take longer to grade. How students do on this first test is very important because it tells you whether your pacing is correct. A realistic goal is for 80 percent of the class to receive scores of 80 percent or higher. If scores are lower than 70 percent, you should reteach the vocabulary (Ray, 45).

Capítulo 2

¿Qué clases tienes?

Includes content from PASO A PASO 1, *pp. 54–85, and* PASO A PASO A, *pp. 64–103.*

Prior to teaching the vocabulary, read the Cultural Overview (Book 1, p. 53B; Book A, p. 63B) to students. Then have students read and discuss ¡Piensa en la cultura! *(Book 1, pp. 56–57) or* ¡Piénsalo bien! *(Book A, pp. 66–67). Pre-teach numbers and time from* Vocabulario para conversar *(Book 1, pp. 62–63; Book A, pp. 76–77) before beginning the* minicuentos.

Minicuento 1

busca	allí	allí está
una grapadora	la mochila	aquí está
no la encuentra	aquí	

Novel Command Suggestions

Busca la grapadora. ¡Allí está la grapadora en mi zapato! Busca la grapadora en la oreja. Aquí está en la oreja. Busca la grapadora debajo del pupitre. ¿Está allí? Busca la grapadora en la mochila. ¿La encuentra? ¿Está allí? Busca la mochila. No la encuentra. Encuentra la mochila. ¡Aquí está! Abraza la mochila. Besa la grapadora. La mochila come la grapadora. Bebe la grapadora.

Personalized Question Suggestions

¿Tienes una mochila? Cuando buscas cosas en tu casa, ¿las encuentras? ¿Tienes una grapadora en la mochila? ¿Qué tengo aquí, una mochila o una grapadora? ¿Qué tienes en la mochila? ¿Qué cosas buscas cada día?

¿Dónde está la grapadora?

Una muchacha que se llama _____ busca una grapadora, pero no la encuentra. "¿Dónde está la grapadora?" pregunta. Un muchacho que se llama _____ le dice: "Búscala allí en la mochila." Otra muchacha que se llama _____ le dice: "Búscala aquí en el suelo." "Allí está," le dice el muchacho, y señala el suelo. "Aquí está," le dice la otra muchacha. El muchacho se cae sobre la grapadora y rompe la grapadora. Las muchachas se ríen.

Minicuento 2

enseña	fácil	tienes que
la clase de ciencias	mucha tarea	
difícil	Lo siento.	

Novel Command Suggestions

Sube la montaña. Es difícil. Baja la montaña. Es fácil. Enseña la clase de ciencias. Enseña la clase de educación física. Hace la tarea difícil. Me muestra—la clase de ciencias es muy difícil. Me muestra—la clase de ciencias es muy fácil.

Personalized Question Suggestions

Enseña la clase de educación física. ¿Es difícil o fácil? ¿Tienes mucha tarea? Lo siento. ¿Tienes mucha tarea en la clase de ciencias? ¿Tienes mucha tarea en la clase de español? ¿Tienes que hacer mucha tarea? Lo siento. ¿Es muy difícil tu clase de español? Lo siento.

El cochino

Una profesora muy buena enseña la clase de ciencias, pero la clase es muy difícil. No es fácil. Hay mucha tarea. Un día, _____ le da su tarea a la profesora. Pero un cochino entra en la clase y le roba la tarea y la come. "Lo siento, _____, tienes que hacer la tarea otra vez." _____ grita: "¡Qué lástima!" y corre de la clase llorando.

Read the Cultural Notes (Book 1, p. 57; Book A, p. 67) to students and have them watch En vivo *video segment 1.* Empecemos a conversar *and* ¡Comuniquemos! *should be delayed until students have been introduced to the first person.*

Minicuento 3

la segunda hora	un lápiz
la clase de ciencias	tiene
un cuaderno	

Novel Command Suggestions

En la segunda hora, el lápiz salta. El lápiz va a la clase de ciencias. El cuaderno come el lápiz. Tiene un lápiz muy, muy grande. Escribe en el suelo con el lápiz grande. Escribe en el dedo con un lápiz muy, muy pequeño.

Personalized Question Suggestions

¿Qué clase tienes en la segunda hora? ¿Cuántos cuadernos tienes? ¿Con qué prefieres escribir, un lápiz o un bolígrafo? ¿Te gusta la clase de ciencias? ¿Qué clase prefieres, la clase de ciencias o la clase de español?

La muchacha tonta y el muchacho guapo

A _____ le gusta la clase de segunda hora porque hay un muchacho muy guapo e inteligente en la clase de ciencias. Un día el muchacho guapo busca un cuaderno. _____ le da su cuaderno. El muchacho no tiene un lápiz. _____ le da su lápiz. El profesor le dice: "_____, ¿dónde están tu cuaderno y tu lápiz?" ¡_____ no tiene ni cuaderno ni lápiz! _____ le dice: "Lo siento," y le sonríe. El profesor no sonríe. Pobrecita. No se debe dar nada a los muchachos guapos.

Minicuento 4

a las siete de la mañana	la carpeta	empieza
necesita	a las siete y media	a las siete y veintiocho
a las siete y cuarto	la primera hora	llega tarde

Novel Command Suggestions

La carpeta llega tarde a la clase de primera hora. Grita a la carpeta. La carpeta tiene que ir a la oficina del director. La carpeta llega a las siete y media. ¡La carpeta necesita un reloj! Le da un reloj a la carpeta. Le dice a la carpeta que la clase empieza a las siete y cuarto.

Personalized Question Suggestions

¿Qué haces a las siete de la mañana? ¿Llegas tarde a la clase de primera hora? ¿Qué necesitas para la escuela cada día? ¿Necesitas una carpeta? ¿Qué haces con la carpeta? ¿A qué hora empieza la clase de español? ¿Quién nunca llega tarde a la clase de primera hora? ¿Quién nunca llega tarde al almuerzo?

El muchacho que llega tarde

_____ camina a la escuela a las siete de la mañana. ¡No tiene su mochila! Corre a la casa porque necesita su mochila. Camina a la escuela otra vez a las siete y cuarto. ¡No tiene su carpeta! Corre a la casa por la carpeta. Regresa a la escuela a las siete y media. La clase de primera hora empieza a las siete y veintiocho. _____ llega tarde. La profesora le grita: "¿Qué hora es, _____?" Pobrecito.

Minicuento 5

la clase de matemáticas	el diccionario	el almuerzo
la regla	la clase de arte	
la clase de inglés	los marcadores	

Novel Command Suggestions

La regla come el almuerzo. El diccionario come el almuerzo. Los marcadores dibujan en la clase de matemáticas. La regla come el almuerzo en la clase de arte. Los marcadores dibujan en los libros en la clase de inglés. Se sienta en un diccionario en el suelo.

¿Qué clase prefieres, la clase de matemáticas o la clase de inglés? ¿Qué prefieres para el almuerzo, una regla o unos marcadores? ¿Usas un diccionario en la clase de arte?

El perro malo

Un día Cacahuate está en la clase de matemáticas y ve un perro corriendo por la escuela. El perro le roba la regla a Cacahuate. Cacahuate corre tras el perro, pero el perro corre muy rápidamente a la clase de inglés. El perro le roba el diccionario a Pepita. Pepita corre tras Cacahuate, quien corre tras el perro. El perro corre a la clase de arte y le roba los marcadores a Hilda. Hilda corre tras Pepita, quien corre tras Cacahuate, quien corre tras el perro. ¡Cacahuate coge el perro, pero el perro come la regla y el diccionario muy rápidamente para el almuerzo! Cacahuate llora. Pepita llora. Hilda llora. Awwww.

Minicuento 6

la tercera hora	A ver . . .	a las doce y treinta y tres
¿Qué hora es?	¿A qué hora . . . ?	la clase de español
Son las once y cuarenta y nueve.	termina	a las doce y treinta y cuatro
	la clase de ciencias sociales	

Personalized Question Suggestions
¿A qué hora termina la clase de español? ¿A qué hora empieza la clase de tercera hora? A ver . . . ¿A qué hora termina la clase de ciencias sociales? ¿Termina a las doce? ¿A las doce y treinta y tres? ¿A las doce y treinta y cuatro? ¿A qué hora es el almuerzo? ¿Qué hora es? ¿Son las once y cuarenta y nueve? *(Try to make these questions about topics of interest to students, for example, practice for afterschool sports, favorite television shows, popular movies.)*

El muchacho que corre y tropieza

_____ y _____ están en la clase de tercera hora. "¿Qué hora es?" le pregunta el muchacho. "Son las once y cuarenta y nueve," le dice la muchacha. "A ver . . . ¿A qué hora termina la clase de ciencias sociales?" le pregunta el muchacho. "A las doce y treinta y tres," le responde la muchacha. El muchacho no es muy paciente. Quiere ir a la clase de español porque hay una muchacha muy bonita en la clase que se llama _____. A las doce y treinta y cuatro, el muchacho corre muy rápidamente a la clase de español, pero tropieza y ¡se cae en los pies de la muchacha bonita! La muchacha se ríe. "Lo siento," le dice el muchacho. _____ corre al baño con la cara muy roja.

Prior to teaching Cuento principal, *have students read and discuss* Perspectiva cultural *(Book 1, pp. 68–69; Book A, pp. 74–75 and pp. 92–93) and watch* En vivo *video segment 2. See the Introduction, p. xiii, for directions on how to teach the main story.*

Prior to beginning Comprensión de lectura, *have students read* ¡Vamos a leer! *(Book 1, pp. 80–81; Book A, pp. 100–101). Then have them apply the strategies that they have learned to the reading comprehension story. Also have students watch* En vivo *video segment 3.*

Cuento principal

El agujero

El lunes Pepe duerme hasta las nueve. Va a llegar tarde a la escuela. Es muy desordenado. "¿Dónde están mis marcadores?" pregunta Pepe.

"Búscalos dentro de tus zapatos," le dice su mamá. Busca dentro de sus zapatos y los encuentra.

"Allí están," le dice Pepe. "¿Dónde está mi calculadora?" le pregunta Pepe.

"Búscala en el suelo del baño, Pepe," le dice su papá. Pepe no la busca en el baño, pero la busca en la cama y la encuentra.

"Aquí está," le dice Pepe. "A ver . . ." dice Pepe. "Tengo mi diccionario, mi regla, mi cuaderno y mi carpeta de argollas." Pepe va a la clase de matemáticas a las nueve y cuarto.

No tiene su calculadora. Busca su calculadora en su mochila, pero no la encuentra.

Va a la clase de ciencias de la salud en la quinta hora. No tiene su carpeta de argollas. La busca en su mochila, pero no la encuentra.

Va a la clase de español en la octava hora, pero no tiene su diccionario. La profesora de español le grita mucho.

El amigo de Pepe, Cacahuate, le dice: "Pepe, ¡hay un agujero muy grande en tu mochila!" Cacahuate se ríe. Pepe se ríe. Pepe va a la tienda, compra una mochila nueva y ahora es muy ordenado.

¿Cuándo ocurrió?

The statements below are out of order. Number them so that they are in the same order as the events in the story.

_____ 1. La profesora de español le grita mucho.

_____ 2. Pepe va a la clase de matemáticas.

_____ 3. Pepe busca sus marcadores.

_____ 4. Pepe compra una mochila.

_____ 5. Cacahuate se ríe.

_____ 6. Pepe busca su calculadora.

_____ 7. Pepe busca en el baño.

_____ 8. Pepe duerme hasta las nueve.

Use these drawings to retell the main story.

Comprensión de lectura

¿Bueno o malo?

Timoteo es un estudiante de los Estados Unidos que está en una escuela secundaria en México. Hoy, va a recibir sus notas. Está contento porque es un estudiante muy inteligente y serio.

En la primera hora Timoteo va a la clase de matemáticas. La profesora le da un 8. Timoteo está triste. Es un estudiante muy ordenado. ¿Por qué recibe un 8 por ciento? Timoteo golpea la mesa con la frente.

En la segunda hora Timoteo va a la clase de educación física. Timoteo es muy deportista, pero recibe sólo un 9. Timoteo está muy triste. ¡9 por ciento! ¡Qué terrible! Timoteo va al baño y golpea la pared con la mano y llora y llora.

Timoteo no está contento durante el recreo porque después va a la clase de ciencias en la cuarta hora y no es buen estudiante en ciencias. Cuando recibe un 7, golpea la pared con el pie y llora enfrente de toda la clase.

Timoteo es de Colorado y, por eso, está seguro de que va a recibir una A en la clase de inglés. Cuando recibe su nota, Timoteo no sonríe. Recibe otro 10. Timoteo golpea la pared con la cabeza.

"¿Qué pasa, Timoteo?" le pregunta Cacahuate.

"Recibí malas notas, Cacahuate."

"¿Dónde están tus notas?"

"Aquí están."

Timoteo le da la hoja de papel y Cacahuate le dice: "A ver . . . eres muy gracioso, Timoteo." Y se ríe. Pepita también las mira y le dice: "Recibiste buenas notas, Timoteo. ¡Muy bien!" Timoteo recuerda que en México un 10 es una A. Está tan contento que baila, pero le duelen la frente, la mano, el pie y la cabeza. También, el director quiere hablar con él sobre el problema con las paredes.

I. ¿Verdadero (V) o falso (F)?

Write V if the statement is true and F if the statement is false. If the statement is false, correct it to make it true.

_____ 1. Timoteo es de los Estados Unidos.

_____ 2. Timoteo no es un estudiante inteligente y serio.

_____ 3. Timoteo golpea la mesa con la frente.

_____ 4. Timoteo llora y llora porque recibe un 2 en la clase de educación física.

_____ 5. Timoteo es de Colorado.

_____ 6. Timoteo recibe malas notas.

_____ 7. En México un 10 es una A.

_____ 8. Timoteo está tan triste que llora.

_____ 9. A Timoteo le duele el estómago.

_____ 10. El director quiere hablar con Timoteo porque hay agujeros en las paredes.

II. Respuestas cortas

1. ¿Quién es de los Estados Unidos? _____

2. ¿Por qué está triste Timoteo? _____

3. ¿Cuándo es la clase de educación física? _____

4. ¿Qué recibe Timoteo en la clase de matemáticas? _____

5. ¿Dónde está Timoteo en la cuarta hora? _____

6. ¿Por qué llora Timoteo en el baño? _____

7. ¿Por qué llora enfrente de toda la clase? _____

8. ¿Quién se ríe de Timoteo? _____

9. ¿Qué le duele a Timoteo? _____

10. ¿Quién quiere hablar con Timoteo? _____

III. La ilustración

On your own paper, draw a six-frame cartoon to illustrate the story.

Additional Activities

IV. Oral Sight-Reading

You will have 60 seconds to study the picture below. You will then have an additional 60 seconds to describe the picture. You may want to talk about where the people are, what they're doing, and name some of the objects that are shown. When you have finished, your partner will have 60 seconds to study the picture and then describe it for you. Concentrate on speaking as quickly as possible and avoiding breaks, pauses, and stumbles. Don't worry about saying everything exactly right, but just keep talking. Do <u>not</u> speak in English.

Additional Activities

V. Presenting the Story
(Give directions orally, write them on the board, or put them on an overhead transparency.)

Have students form groups of two or three and choose six words from this chapter and two words from the last chapter. Each group will illustrate a new story that it has created (one illustration per group). After the story has been drawn, each group will practice telling its story before presenting it to the whole class. Students may speak in English while planning the story, but there can be NO WORDS written on their pictures in any language. Students will take their pictures with them when they present them to the class and choose actors to act out their skits.

VI. Pre-writing Activities
(Give directions orally, write them on the board, or put them on an overhead transparency.)

Have students open their backpacks and, on their own paper, write down the words for five items that they have in their backpacks. If they don't have backpacks, have them write down the words for five items that they have in their lockers.

At the end of the chapter, do ¿Lo sabes bien?, *p. 84. This section will prepare students for the proficiency test.*

Answer Key for *¿Cuándo ocurrió?*
1. 6	3. 2	5. 7	7. 4
2. 5	4. 8	6. 3	8. 1

Answer Key for *¿Verdadero o falso?*
V	1.
F	2. Timoteo **es** un estudiante inteligente y serio.
V	3.
F	4. Timoteo llora y llora porque recibe un **9** en la clase de educación física.
V	5.
F	6. Timoteo recibe **buenas** notas.
V	7.
F	8. Timoteo está tan contento que **baila.**
F	9. Le duelen **la frente, la mano, el pie y la cabeza.**
V	10.

Answer Key for *Respuestas cortas*
1. Timoteo
2. Cree que recibió malas notas.
3. en la segunda hora
4. 8
5. en la clase de ciencias
6. Recibe un 9 en la clase de educación física.
7. Recibe un 7 en la clase de ciencias.
8. Cacahuate
9. Le duelen la frente, la mano, el pie y la cabeza.
10. el director

CAPÍTULO 3

Los pasatiempos

Includes content from PASO A PASO 1, *pp. 86–117, and* PASO A PASO A, *pp. 104–143.*

Prior to teaching the vocabulary, read the Cultural Overview (Book 1, p. 85B; Book A, p. 103B) to students. Then have students read and discuss Perspectiva cultural *(Book 1, pp. 102–103; Book A, pp. 114–115 and pp. 132–133).*

Minicuento 1

quiere ir	el invierno	jugar básquetbol
la piscina	prefiere ir	Si tú quieres.
¿Adónde?	el gimnasio	

Novel Command Suggestions
Juega básquetbol en la piscina. Juega básquetbol en el gimnasio. Es invierno. Juega básquetbol en la nieve. Juega con un balón muy, muy grande. Juega con un balón muy, muy pequeño. Juega con dos balones.

Personalized Question Suggestions
¿Quieres ir a nadar en la piscina en el invierno? ¿Prefieres jugar básquetbol en el gimnasio o nadar en la piscina? ¿Adónde prefieres ir para nadar? ¿Prefieres nadar en tu baño? ¿Qué llevas cuando estás nadando? ¿Llevas un traje de baño o un traje? ¿Llevas un traje de baño cuando estás jugando básquetbol?

Agua fría

Un muchacho que se llama _____ quiere ir a la piscina con una muchacha que se llama _____. El muchacho le pregunta: "¿Te gustaría ir a la piscina?" Ella le pregunta: "¿Adónde? ¡Es invierno!" Ella prefiere ir al gimnasio a jugar básquetbol. Pero el muchacho le dice: "Por favor." Ella le dice: "Si tú quieres." _____ y _____ van a la piscina. No pueden nadar, pero sí pueden patinar.

Minicuento 2

todos los días	conmigo	el otoño
¿(A ti) te gustaría ir?	¡Claro que sí!	
el parque	por la mañana	

Personalized Question Suggestions

¿Te gustaría ir al parque por la mañana? ¿Te gustaría ir conmigo? ¿Con quién prefieres ir? ¿Con _____? *(Classmate(s), other teacher(s) or administrator(s), celebrities, etc.)* ¿Con _____? ¿Te gusta más ir al parque en el otoño o en el invierno? ¿Adónde vas todos los días? ¿A la escuela? ¿Vas a la escuela los viernes? ¿Vas a la escuela los sábados? Clase, ¿_____ va a la escuela los sábados? ¿Qué haces en la escuela los sábados? ¿Estudias español? ¡No me digas! ¿Quién va a la escuela los sábados para estudiar español?

El hermano menor

Todos los días un muchacho que se llama _____ quiere salir con una muchacha muy simpática que se llama _____. _____ es de los Estados Unidos. _____ le pregunta a _____: "¿Te gustaría ir al parque conmigo?" Ella es de México. Ella le dice: "¡Claro que sí!" El viernes _____, _____ y el hermano menor de _____, van al parque por la mañana. ¡Es una gran sorpresa para _____! La muchacha le dice: "Es mi hermano menor. Se llama _____." _____ le dice: "¡No me digas!"

Minicuento 3

> jugar tenis
> los pasatiempos
> jugar videojuegos
>
> Ni siquiera puede tocar la mano.
> ¡Qué lástima!

Novel Command Suggestions

Juega tenis. Juega tenis como _____ *(name of famous tennis player)*. Juega tenis como _____ *(name of famous boxer / wrestler / weightlifter / wimp)*. Juega tenis con una pelota muy grande. Juega tenis con una pelota muy pequeña. Juega videojuegos. ¡Juega bien! ¡Gana cuatro millones de puntos! ¡Juega mal! Gana un punto. ¡Qué lástima! Toca la mano de otra persona. No toca la mano de otra persona. Ni siquiera puede tocar la mano de otra persona. *(Mime trying, but not being able to reach.)* ¡Qué lástima!

Personalized Question Suggestions

¿Prefieres jugar tenis o jugar videojuegos? ¿Cómo juegas, bien o mal? ¿Juegas como _____ o juegas como _____? Cuando juegas con una raqueta, ¿puedes tocar la pelota con la raqueta, o no? ¿Cuáles son tus pasatiempos? ¿Te gusta nadar con tiburones? ¿Te gusta ir al _____ *(name of local mall)* y gastar todo tu dinero en _____ *(ridiculous fad of the month or ridiculous item of clothing)*? ¡Qué lástima! Cuando vas al _____ *(name of local mall)*, ¿compras ropa para tu perro o gato? ¿Lleva suéter y bufanda? *(Mime these.)*

Continuación de El hermano menor

Hay un gran problema cuando _____ sale con _____ (Minicuento 2). El muchacho quiere jugar tenis, pero hay tres personas. La muchacha quiere hablar con _____ sobre sus pasatiempos. Pero el hermano menor quiere jugar videojuegos. Los tres juegan videojuegos. Es un día terrible. ¡El muchacho ni siquiera puede tocar la mano de _____! ¡Qué lástima!

Minicuento 4

todos los sábados	¿(A ti) te gustaría bailar?	solo, -a
un fin de semana	gracias	
generalmente	estoy enferma	

Novel Command Suggestions

Baila como un mono. Baila como una persona que está enferma. Baila como una persona que está muy, muy enferma. Baila solo. Baila todos los sábados. (No baila el lunes, el martes, etc. Baila el sábado.) Baila el fin de semana. ¡Baila enfrente de la clase de ciencias! Baila en la piscina y juega básquetbol. Baila en el invierno. Brrrr. Baila a la puerta. Besa la puerta. Le dice a la puerta muy románticamente: "¿Te gustaría bailar?"

Personalized Question Suggestions

¿Qué haces todos los sábados? ¿Limpias la casa? ¿Vas al _____ (name of local mall)? ¿Te gustaría bailar? ¿Cómo te gusta bailar? ¿Bailas como tus padres? ¿Bailas como un elefante? ¿Bailas como un mono? ¿Bailas como _____ (name of famous actor / actress)? ¿Bailas solo(a)? ¿Bailas en tu baño? ¿Bailas en la calle? ¿Bailas cuando estás enfermo(a)? ¿Por qué no debes bailar cuando estás enfermo(a)? ¿Quién baila cuando está enfermo(a)? Generalmente, ¿estás enfermo(a) más frecuentemente los fines de semana o los lunes?

El flamenco

Todos los sábados a las diez de la noche, Marcos e Hilda van a una feria en Sevilla con Taco y su novia Lili. Un fin de semana Marcos quiere bailar sevillanas. Hilda quiere bailar el flamenco. Generalmente, Taco quiere bailar el flamenco también. Taco le pregunta a Hilda: "¿Te gustaría bailar sevillanas conmigo?" Hilda le dice que sí. Marcos le grita: "¿Vas a bailar con Taco?" Marcos le dice a Lili: "¿Quieres bailar el flamenco conmigo?" Lili le dice: "No, gracias. No quiero bailar contigo. Estoy enferma." Marcos baila el flamenco solo. ¡Qué lástima!*

*See notes in the Introduction, p. xii, on performing dialogue. Have students read and discuss ¡Piensa en la cultura! (Book 1, pp. 88–89) or ¡Piénsalo bien! (Book A, pp. 106–107). Read the Cultural Notes, (Book 1, pp. 87, 89, 103, 111, 113; Book A, pp. 105, 106, 107, 111, 114, 115, 121, 129, 133, 137, 141, and 143) to students and have them watch En vivo video segment 1.

Minicuento 5

ir de compras	está muy ocupado	después de las clases	contigo
al muchacho	mañana	Me gustaría ir al	por la tarde
le gustaría	el martes	centro comercial.	
a él le gusta			

Novel Command Suggestions

Va de compras. _____ *(name of famous actor / actress)* está muy ocupado(a), pero va al centro comercial contigo. Sonríe. Compra un hipopótamo en el centro comercial. Es un hipopótamo muy, muy grande. *(Students spread arms apart to carry hippo.)* Le gusta el hipopótamo. *(Smile.)* Le da el hipopótamo a _____.

Personalized Question Suggestions

¿Te gusta ir de compras? ¿Adónde vas de compras? ¿Te gustaría ir al centro comercial? ¿Te gustaría ir después de las clases o durante las clases? ¿Qué compras cuando vas de compras? ¿Compras un traje de baño? ¿Compras una mochila porque tienes agujeros en tu mochila? ¿Estás muy ocupado(a)? ¿Por qué? ¿Eres un(a) jugador(a) de videojuegos profesional? ¿Juegas videojuegos cada día y cada noche? ¿Qué haces por la tarde? ¿Comes hamburguesas por la tarde? ¿Tienes la clase de arte por la tarde? ¿Juegas videojuegos o tenis por la tarde? ¿Qué haces los martes? ¿Visitas a _____ *(name of famous basketball player)* porque eres un(a) jugador(a) de básquetbol profesional? ¿Adónde vas mañana? ¿Vas a la escuela mañana? ¿Vas a la piscina mañana? ¿Qué día es mañana? ¿Vas a una isla tropical mañana? ¿Sí? ¿Por la tarde o por la noche? ¿Puedo ir contigo?

¿Comprar o no comprar?

Una muchacha que se llama _____ quiere ir de compras con un muchacho que se llama _____. "Voy a ir de compras hoy." Al muchacho le gustaría mucho ir de compras con ella porque a él le gusta comprar zapatos. Pero está muy ocupado porque mañana tiene un examen en la clase de matemáticas. _____ le dice a ella que el martes después de las clases no tiene ni clase ni tarea. "Me gustaría ir al centro comercial contigo mañana por la tarde a comprar 31 zapatos nuevos." No puede ir hoy. ¡Qué responsable!

Minicuento 6

el sábado	una fiesta	están cansados
la primavera	¿(A ti) te gustaría ir de pesca?	
Hoy no.	de la mañana	

Novel Command Suggestions

Es la una de la mañana. Está cansado(a). *(Yawn.)* Va de pesca. ¡Coge un pez grandísimo! Va a una fiesta. Baila en la fiesta con el pez. El pez es muy, muy, muy grande. Juega tenis con el pez. Tira el pez en el río porque no tiene hambre hoy.

Personalized Question Suggestions

¿Qué día es hoy? ¿Es sábado? ¿Quieres ir a una fiesta conmigo? ¡No! ¿Por qué no? ¿Estás cansado(a)? ¿Te gustaría ir de pesca conmigo? ¿No? ¿Por qué no? ¿Huelo mal? *(Fan underarms.)* La fiesta es el sábado a las once de la mañana. ¿Quieres ir conmigo? ¡Yo bailo bien! ¿Hoy no? *(Teacher's note: If someone agrees to go, you have a mini-situation possibility. Jump directly from the personalized question to a mini-story about _____, who goes to a party with his or her Spanish teacher and is soooo embarrassed because his or her teacher smells like fish.)*

Los Aburridos

A las nueve de la noche en un sábado de primavera, la señora Aburrido y el señor Aburrido quieren salir. A las diez de la noche el señor Aburrido le dice: "¿Quieres ir al centro comercial?" La señora Aburrido le dice: "Hoy no." A las once de la noche la señora Aburrido le pregunta: "¿Quieres ir a una fiesta?" El señor Aburrido no quiere ir. A las doce de la noche el señor Aburrido le pregunta: "¿Te gustaría ir de pesca?" La señora Aburrido no quiere ir de pesca. A la una de la mañana los Aburridos se duermen porque están cansados.

Minicuento 7

la familia	el zoológico	¡Genial!
los fines de semana	(A mí) me gustaria ir al . . .	
el verano	el parque de diversiones	

Novel Command Suggestions

Es invierno. *(Shiver.)* Es verano. *(Fan face.)* Juega en un parque de diversiones. *(Mime riding on roller coaster.)* ¡No se cae! ¡Ahhhhh! Va al zoológico con su familia. Se ríe de los monos. *(Act like a monkey.)*

Personalized Question Suggestions

¿Adónde vas con tu familia los fines de semana? ¿Vas al parque de diversiones en el verano o en el invierno? ¿Vas al zoológico en el invierno o en el verano? ¿Vas con tu familia? ¿Por qué? ¿Son como los monos en el zoológico? Me gustaría ir al parque de diversiones en el invierno cuando hace mucho frío. Prefiero ir en pantalones cortos. *(Use hand to demonstrate the length of shorts on your leg.)* ¿Y tú? ¿Llevas pantalones cortos en el invierno?

Algo extraño

En el invierno toda la familia Torres va los fines de semana al parque de Chapultepec en la ciudad de México. Hay más personas en el parque en el verano que en el invierno. El hijo, _____, quiere ir al zoológico. La hija, _____, les dice: "A mí me gustaría ir al parque de diversiones." El señor Torres quiere ir al museo. La señora Torres les dice: "Quiero hacer algo extraño." Toda la familia dice "¡Genial!" y decide nadar en la fuente en el parque de Chapultepec. Todas las personas en el parque se ríen porque es invierno. Ahora, toda la familia está enferma.

Prior to teaching Cuento principal, *have students watch* En vivo *video segment 2. See the Introduction, p. xiii, for directions on teaching the main story. See the Introduction, p. xii, for notes on "air kissing."*

Prior to beginning Comprensión de lectura, *have students read* ¡Vamos a leer! *(Book 1, pp. 112–113; Book A, pp. 140–141). Then have students apply the reading strategies that they have learned to the reading comprehension story. Also have students watch* En vivo *video segment 3.*

Cuento principal

A Jorge le gusta besar

El viernes Jorge quiere ir al parque de diversiones con Gabriela. Le pregunta a Gabriela: "¿Quieres ir al parque de diversiones conmigo?"

Ella le dice: "Me gustaría ir, pero no puedo. ¿Mañana?"

Jorge le dice: "Por la tarde." Y Jorge la besa.

Jorge quiere ir de pesca. Le pregunta a Hilda: "¿Quieres ir de pesca conmigo?"

Hilda le dice: "Hoy no, pero el sábado por la tarde, sí."

"¡Genial!" le dice Jorge, y la besa.

El sábado Jorge está en su casa. Gabriela toca a la puerta a las once y cuarenta y cinco. "Tú y yo vamos al parque de diversiones por la tarde, ¿no?" le dice Gabriela.

"¡Claro que sí!" le dice Jorge y la besa.

Al mediodía Hilda llega a la casa de Jorge con gusanos para ir de pesca con él. Hilda mira a Gabriela. "Vamos a ir de pesca hoy, Jorge, ¿no?" le dice Hilda.

Jorge le dice: "Hola, Hilda . . ." Hilda no lo besa.

Las muchachas están muy enojadas. Jorge les dice: "Lo siento, pero estoy muy, muy enfermo." Jorge corre muy rápidamente dentro de la casa. Las muchachas van al cine para ver una película. Jorge está solo y llora.

¿Cuándo ocurrió?

The statements below are out of order. Number them so that they are in the same order as the events in the story.

_____ 1. Gabriela toca a la puerta de Jorge.

_____ 2. Jorge llora.

_____ 3. Jorge besa a Hilda.

_____ 4. Las muchachas van al cine para ver una película.

_____ 5. Hilda llega a la casa de Jorge con gusanos.

_____ 6. Jorge corre muy rápidamente dentro de la casa.

Use these drawings to retell the main story.

Comprensión de lectura

Un día con Chucho

Gabriela llega a la casa de Chucho el sábado a las diez para cuidarlo todo el día. Gabriela tiene 17 años. Chucho tiene diez años. La mamá de Chucho le dice a Gabriela: "Chucho no puede jugar videojuegos en la casa todo el día." La mamá quiere que Chucho y Gabriela salgan de la casa porque es primavera y hace calor. La mamá va a ir de compras. Está muy ocupada.

"Sí, señora." le dice Gabriela.

La señora sale de la casa. Gabriela le pregunta a Chucho: "¿Quieres jugar fútbol americano?"

Chucho le responde: "No. Voy a jugar videojuegos."

"¿Quieres ir a jugar béisbol?" Gabriela le pregunta a Chucho.

"¡Claro que no!" le responde Chucho.

"¿Te gustaría jugar vóleibol?" le pregunta a Chucho.

"Me gustaría jugar videojuegos." le dice Chucho.

Gabriela le dice: "¿Tienes otros pasatiempos?"

Chucho le responde: "No. Sólo me gusta jugar videojuegos."

Gabriela es inteligente. Gabriela le dice: "Vamos al parque de Chapultepec donde tú puedes decidir qué vamos a hacer."

Chucho le dice: "¡Genial!"

Gabriela camina al parque. Chucho monta en bicicleta. Gabriela cree que es más inteligente que Chucho. Está contenta.

Cuando llegan al parque de Chapultepec, Chucho corre por el parque. No para en el museo. No para en el zoológico. Gabriela corre tras Chucho gritándole: "Chucho, Chucho, ¿adónde vas?" Gabriela busca a Chucho. Ve a Chucho jugando videojuegos en el parque de diversiones. ¿Quién es más inteligente, Gabriela o Chucho? Chucho.

I. ¿Verdadero (V) o falso (F)?

Write V if the statement is true and F if the statement is false. If the statement is false, correct it to make it true.

_____ 1. Chucho llega a la casa de Gabriela.

_____ 2. La mamá le dice a Gabriela que Chucho no puede jugar videojuegos.

_____ 3. Gabriela le pregunta a Chucho si quiere jugar tenis.

_____ 4. Chucho quiere jugar béisbol.

_____ 5. Chucho quiere jugar videojuegos.

_____ 6. Gabriela monta en bicicleta.

_____ 7. Chucho mira los animales en el zoológico.

_____ 8. Chucho corre tras Gabriela.

_____ 9. Gabriela está gritándole a Chucho.

_____ 10. Chucho juega videojuegos.

II. Respuestas cortas

1. ¿Quién llega a la casa de Chucho? _____

2. ¿Dónde está Gabriela? _____

3. ¿Qué quiere hacer Chucho? _____

4. ¿Quién no quiere jugar béisbol? _____

5. ¿Por qué Chucho no quiere jugar fútbol americano? _____

6. ¿Hace calor o hace frío? _____

7. ¿Adónde van Gabriela y Chucho? _____

8. ¿Cómo va Gabriela, en bicicleta o a pie? _____

9. ¿Adónde va Chucho en el parque? _____

10. ¿Quién es más inteligente, Gabriela o Chucho? _____

III. La ilustración

On your own paper, draw a six-frame cartoon to illustrate the story.

Additional Activities

IV. Oral Sight-Reading

You will have 60 seconds to study the picture below. Then you will have an
additional 60 seconds to tell your partner as many things as you can about
Héctor. Your partner will have 60 seconds to study the picture of Teresa and
tell you about her. When both of you are done, study the pictures and tell
each other if you missed anything. Concentrate on speaking as quickly as
possible and avoiding breaks, pauses, and stumbles. Don't worry about saying
everything exactly right, but just keep talking. Do not speak in English.

Additional Activities

V. Presenting the Story
(Give directions orally, write them on the board, or put them on an overhead transparency.)

Have students form groups of two or three and choose at least eight vocabulary words from any chapter. Each group will illustrate a new story that it has created (one illustration per group). After the story has been drawn, each group will practice telling its story before presenting it to the whole class. Students may speak in English while planning the story, but there can be NO WORDS written on their pictures in any language. Students will take their pictures with them when they present them to the class and choose actors to act out their skits.

VI. Pre-writing Activities
(Give directions orally, write them on the board, or put them on an overhead transparency.)

On their own paper, have students make a list of five things they would like to do and five things they would <u>not</u> like to do.

(A mí) me gustaría . . .   (A mí) <u>no</u> me gustaría . . .

At the end of the chapter, do ¿Lo sabes bien?, p. 116. This section will prepare students for the proficiency test.

Answer Key for ¿Cuándo ocurrió?
1. 2   3. 1   5. 3
2. 6   4. 5   6. 4

Answer Key for ¿Verdadero o falso?
__F__	1. **Gabriela** llega a la casa de **Chucho.**
__V__	2.
__F__	3. Gabriela le pregunta a Chucho si quiere jugar **fútbol americano, béisbol** o **vóleibol.**
__F__	4. Chucho **(no)** quiere jugar béisbol. *o* **Sólo quiere jugar videojuegos**.
__V__	5.
__F__	6. Gabriela **camina / va a pie al parque.** *o* **Chucho monta en bicicleta.**
__F__	7. Chucho **(no)** mira los animales en el zoológico.
__F__	8. **Gabriela** corre tras **Chucho.**
__V__	9.
__V__	10.

Answer Key for Respuestas cortas
1. Gabriela
2. en la casa de Chucho
3. jugar videojuegos
4. Chucho
5. porque sólo quiere jugar videojuegos
6. Hace calor.
7. al parque de Chapultepec
8. a pie
9. al parque de diversiones
10. Chucho

CAPÍTULO 4

¿Qué prefieres comer?

Includes content from PASO A PASO 1, *pp. 118–149, and* PASO A PASO A, *pp. 144–185.*

Prior to teaching the vocabulary, read the Cultural Notes (Book 1, pp. 119, 121, 133, 137, 141, 145, and 147; Book A, pp. 145, 146, 147, 151, 155, 159, 161, 173, 175, 177, and 179) to students. Then have students read and discuss ¡Piensa en la cultura! *(Book 1, pp. 120–121) or* ¡Piénsalo bien! *(Book A, pp. 146–147) and* Perspectiva cultural *(Book 1, pp. 132–133; Book A, pp. 154–155 and pp. 172–173). Also have students watch* En vivo *video segment 1.*

Minicuento 1

Tiene hambre.	una papa	lo come	horrible
Tiene sed.	un plátano	no le gusta	bebes
el pescado	la leche	la cena	prefieres

Novel Command Suggestions

Come pescado. ¡Es horrible! Come una papa. Bebe jugo de papa. ¡Delicioso! Bebe la leche de un vaso enorme. Una papa tiene sed. Un plátano tiene hambre. El plátano come la papa. Camina sobre un plátano en el suelo. ¡Se cae! Se sienta en el plátano y come la cena de pescado y plátanos.

Personalized Question Suggestions

¿Te gusta el pescado? ¿Lo comes en el almuerzo o en la cena? ¿Qué bebes cuando tienes sed? ¿Bebes pescado o papas? ¿Bebes jugo de pescado? ¿Tienes hambre? ¿Qué prefieres comer, pescado o un plátano? ¿Prefieres comer plátanos en el almuerzo o en la cena? ¿Te gusta la leche? ¿La bebes con chocolate?

Pescado, papas y plátanos

A las nueve de la noche _____ tiene hambre. Tiene sed también. Mira en el refrigerador. Ve pescado, una papa y unos plátanos. _____ pone el pescado, la papa y un plátano en un plato con un poco de leche y lo come todo con un tenedor. A _____ no le gusta su cena. ¡Está horrible! Pero _____ tiene mucha hambre y come todo.

Minicuento 2

bueno para la salud   las hamburguesas   las frutas
bebe   nunca   siempre
los refrescos   las verduras

Novel Command Suggestions

Bebe un refresco, pero no abre la boca. ¡Oh no! Come un bistec muy, muy grande. ¡El bistec le cae en el pie! Come una uva muy pequeña. Tose. Tose. ¡Oh no! Come verduras. Mmmm. Son buenas para la salud. Come papel. No es bueno para la salud. Nunca come papel. Come chocolate. Nunca come hamburguesas. ¡Pobres vacas!

Siempre le duele el estómago

A _____ le duele el estómago porque no come nada bueno para la salud. Bebe 32 refrescos cada día. No come nunca ni verduras ni frutas. Tampoco bebe leche. Y siempre le duele el estómago. _____ llora y llora.

Minicuento 3

un sandwich de jamón y queso   la comida   (tú) debes
las papas fritas   ¡Qué asco!
una limonada   comes

Novel Command Suggestions

Pone las papas fritas en la limonada. Come las papas fritas. Pone un pedazo de pan en la cabeza. Pone el queso en la cabeza. Pone el jamón en la cabeza. Pone otro pedazo de pan en la cabeza. Tiene un sandwich. Come todo lo que está sobre la cabeza. ¡Hay pelo en el sandwich! ¡Qué asco! Bebe limonada con la boca cerrada. ¡Oh no!

Personalized Question Suggestions

¿Quién siempre come a las cinco? ¿Quién nunca come a las cinco? ¿Quién come a las doce? ¿Qué comes? ¿Comes papas fritas de _____ *(name of restaurant)*? ¿Comes sandwiches de _____ *(name of restaurant)*? ¿No? ¡No comes nada! ¡Debes comer verduras y frutas! ¿Qué comida prefieres, el almuerzo o la cena? ¿Por qué?

Cuando estás en Colombia . . .

_____ *(boy's name)* está en Colombia. Está caminando por la calle. _____ come un sandwich de jamón y queso, papas fritas y bebe una limonada. Tiene jamón en la camisa y limonada en los pantalones. Un viejo lo mira y le grita: "¡Qué asco!" Una mujer muy, muy, muy bonita y muy famosa que se llama _____ *(name of famous actress)* lo mira y le grita: "¡Qué asco!" _____ *(girl's name)*, que es muy inteligente, le dice: "¡En Colombia siempre debes sentarte cuando comes!" _____ se sienta en una silla y la mujer famosa le sonríe y le da una guitarra.

Minicuento 4

> la sopa de pollo   le encanta(n)
> sabroso, -a
> el arroz

Novel Command Suggestions

Le encanta el arroz. Besa el arroz. Besa el arroz románticamente. Le encanta la sopa de pollo. Abraza la sopa de pollo. ¡Ay! ¡Está caliente!

Personalized Question Suggestions

¿A quién le encantan las papas fritas? ¿Son sabrosas o son horribles? ¿A quién le encanta el helado? ¿Es sabroso o es horrible? ¿Quién sabe cocinar? ¿Qué cocinas, *macaroni and cheese* o una sopa de pollo sabrosa con arroz? ¿Quién no sabe cocinar? ¿Qué comes? ¿Comes basura? ¡Qué asco! ¡Siempre comes en restaurantes?

Algo para comer a la medianoche

A la medianoche, _____ *(girl's name)* va a la cocina porque tiene hambre, pero todavía está durmiendo. _____ prepara una sopa de pollo sabrosa con arroz. ¡Le encanta la sopa! Se sienta en el suelo y come la sopa con un bolígrafo. ¡Es una lástima que no pueda comer nada! ¡Pobrecita! ¡Tiene sopa caliente en el pijama y todavía tiene hambre!

Minicuento 5

> las zanahorias   las judías verdes   la ensalada   me encanta(n)
> prefiere   la bebida   el bistec
> el jugo (de naranja, de huevos) le gusta   las uvas

Novel Command Suggestions

Bebe jugo de naranja con el estómago. Bebe jugo de zanahorias con el cuello. Bebe jugo de bistec. ¡Bleech! ¡Qué asco! Bebe jugo de uvas. Come una ensalada con judías verdes. No le gustan. Tira las judías verdes al techo. Pone un huevo en el suelo. Se sienta sobre el huevo en el suelo.

Personalized Question Suggestions

¿Prefieres beber jugo de naranja o jugo de judías verdes? ¿Te gusta el jugo? ¿Cuántos años tienes? ¿Puedes beber las bebidas alcohólicas? ¡Por supuesto que no! No debes beber bebidas alcohólicas. ¿Qué te gusta más, una ensalada o un bistec? ¿Bebes jugo de zanahorias? ¿Debes beber muchos jugos de frutas y verduras? ¿Debes beber jugo de huevos?

Pepita tiene hambre

Pepita está en Colombia. Ella es de Colombia. Cacahuate está en Colombia, pero es de México. Cacahuate tiene hambre y sed. Pepita le dice a Cacahuate: "Cuando comes o bebes algo en Colombia debes compartir un poco con tus amigos." Cacahuate come un sandwich de arroz y zanahorias. Le ofrece el sandwich a Pepita. Pepita le dice que prefiere sandwiches de jamón y queso. Cacahuate bebe un vaso de jugo de huevos y judías verdes. Le ofrece la bebida a Pepita. Pepita le dice: "¡Qué asco!" ¡A Pepita le gusta jugo de naranja, no jugo de huevos! Cacahuate come una ensalada de bistec y uvas. Le ofrece la ensalada a Pepita. Pepita le dice: "Me encanta el bistec. Me encantan las uvas. Pero esta ensalada de bistec y uvas no está sabrosa, sino está horrible." Pepita le grita: "¡Qué asco!" y va rápidamente a un restaurante elegante.

Minicuento 6

más o menos	el cereal	una manzana
el pan tostado	tazas de café con leche	algo
le gustan	té	

Novel Command Suggestions

Recoge una taza de café con leche caliente. La derrama en la pierna. ¡Grita! Recoge una manzana muy, muy grande. Pone la manzana en la boca. Recoge un pedazo de pan tostado. Lo pone en el hombro. Recoge una taza de té. La derrama dentro del zapato. Se pone el zapato en el pie. ¡Arg! ¡Está caliente también!

Personalized Question Suggestions

¿Te gustan las manzanas? ¿Comes algo bueno para la salud cada día? ¿Comes el almuerzo más o menos a las doce? ¿Quién bebe café? ¿Cuántas tazas de café bebes cada día? ¿Dieciocho? ¡Dieciocho! ¿Por qué bebes tantas tazas de café? ¿Es aburrida la clase de español? ¡Por supuesto que no!

¡Qué asco!

Cada día, _____ come un almuerzo grande con su familia a la una, más o menos. A _____ le encantan el pan tostado y la paella. A su padre le gustan los huevos, pero su madre prefiere cereal. Su padre bebe 22 tazas de café con leche, pero su madre bebe té. A su hermana le encantan las frutas y come una manzana, una naranja, un plátano y una uva con un vaso de jugo de naranja. Toda la familia come algo bueno para la salud. ¡Toda la familia menos la ballena que vive en la casa! La ballena come 23 hamburguesas con papas fritas. ¡Qué asco!

Minicuento 7

malo para la salud	la sopa de verduras	¿verdad?
las cebollas	la lechuga	Creo que sí / no.
¿Por qué?	porque	té helado

Novel Command Suggestions

Tira la lechuga. Es una pelota de béisbol. Golpea la lechuga. Come la sopa de verduras. Derrama la sopa de verduras en el suelo porque está horrible. Come cebollas. Huele a otra persona. Huele mal porque come cebollas.

Personalized Question Suggestions

¿Quién come cebollas? ¿Las comes como manzanas? ¿Quién bebe té helado? ¿Por qué debes comer algo que es bueno para la salud? ¿Las hamburguesas son buenas o malas para la salud? ¿La sopa de verduras es buena o mala para la salud? ¿Por qué? ¿Qué cosas nunca debes comer? ¿Quién come balones de básquetbol? Nunca debes comer balones de básquetbol.

No debes hacer lo que digo ni lo que hago

_____ siempre come hamburguesas y papas fritas. Siempre come algo que es malo para la salud. Una muchacha que se llama _____ le dice a _____ que las cebollas son buenas para la salud. _____ le responde: "¿Por qué?" La muchacha le dice que siempre come muchas cebollas. Las come en la sopa de verduras y en los sandwiches de jamón y lechuga. ¡Y nunca está enferma! "Y es porque tú comes cebollas, ¿verdad?" le pregunta el muchacho. La muchacha le dice: "Creo que sí." El muchacho prepara una sopa de cebollas. Pone jugo de cebollas en su té helado. Le dice a la muchacha: "Ahora yo siempre como cebollas también." _____ le grita: "¡Hueles mal, _____! ¡Hueles a cebollas! Nunca debes comer cebollas." Ahora, _____ siempre come hamburguesas y papas fritas.

Have students watch En vivo *video segment 2.*

Minicuento 8

Tiene mucha hambre.	pan y agua
Tiene mucha sed.	
las papas al horno	

Novel Command Suggestions

Tiene mucha hambre. Tiene mucha sed. Come papas al horno. Come el horno. Come un pedazo de pan muy pequeño. Bebe todo el agua en el océano. Prepara la cena. Prepara una cena de chicle.

Personalized Question Suggestions

¿Quién tiene mucha hambre? ¿Quién tiene sed? ¿Qué quieres? ¿Quieres pan y agua cuando tienes hambre y tienes sed? ¿Te gustan las papas al horno cuando tienes hambre? ¿Qué prefieres beber cuando tienes sed? ¿Te gusta comer el chicle en la cena?

¿A qué hora es el almuerzo?

_____ está en México con una amiga que se llama _____. Ella vive con su familia en Chihuahua, México. Un día, ella invita a _____ a comer con su familia. _____ piensa en esto todo el día. Tiene mucha hambre pensando en la comida que va a comer y también tiene mucha sed. Llega a la casa de _____ a las cinco. _____ está muy, muy enojada porque la familia come el almuerzo a la una cada día. _____ le dice: "Lo siento." _____ decide esperar la cena con _____. _____ espera y espera y espera, pero la familia no come la cena. _____ tiene mucha hambre. Quiere papas al horno. ¡Quiere pan y agua! _____ tiene mucha hambre pero la familia no come la cena. Finalmente, la familia se sienta a comer a las once de la noche. Toda la familia se ríe porque _____ está durmiendo con la cabeza en el plato.

Minicuento 9

el desayuno	los huevos	los guisantes

Novel Command Suggestions
Come un huevo. Come 22 huevos. Tira un huevo. Coge el huevo. Come guisantes. Come un guisante. Tira el guisante. Juega básquetbol con un guisante muy pequeño.

Personalized Question Suggestions
¿Qué comes en el desayuno? ¿Prefieres huevos o guisantes? ¿Qué bebes? ¿Qué te gusta más, jugo de huevos o jugo de guisantes?

La mamá no puede oír

Un día la mamá de _____ le pregunta qué quiere comer en el desayuno. "Debes comer huevos y fruta en el desayuno, _____," le dice la mamá. Pero _____ le dice: "Quiero una sopa de guisantes, mamá." ¡Pero la mamá de _____ no oye bien porque 361 vacas viven en la casa y están en la cocina! "¡Qué asco, _____!" Pero la mamá prepara una sopa de gusanos. Cuando _____ come la sopa, le dice: "¡Qué asco! ¡Está horrible!" Ahora, _____ nunca come sopa de guisantes.

Prior to beginning Comprensión de lectura, _have students read_ ¡Vamos a leer! _(Book 1, pp. 144–145; Book A, pp. 182–183). Then have students apply the strategies that they have learned to the reading comprehension story. Also have students watch_ En vivo _video segment 3._

Cuento principal

~~~

El camarero horrible

Leonardo tiene mucha hambre. Va a un restaurante elegante en España. Quiere un refresco, papas fritas y una hamburguesa con lechuga, tomates y queso. El camarero le dice: "Me llamo Desordenado y soy su camarero. No hay hamburguesas ni papas fritas ni refrescos en el Restaurante Elegante de España." Leonardo le pide arroz con pollo y una limonada.

Desordenado va a la cocina y después de unos momentos le trae pescado con seis guisantes y un poco de pan con un vaso de té helado. Leonardo le dice que no quiere ni pescado con seis guisantes ni pan, ni un vaso de té helado. Quiere arroz con pollo y una limonada. Desordenado le dice: "¡No me digas!" y corre a la cocina. Desordenado come el pescado y los guisantes y bebe el té helado.

Más tarde, Desordenado regresa con una ensalada grande de zanahorias, judías verdes y cebollas con un vaso de leche. Leonardo le dice: "No quiero una ensalada. Quiero arroz con pollo y una limonada." Leonardo no es una persona muy paciente y tiene mucha hambre. Desordenado come la ensalada y bebe la leche.

Desordenado regresa pronto con un bistec, una sopa de tomate y un café con leche. "¿Está bien, señor?" le pregunta Desordenado. Ahora, Leonardo está tan enojado que le sale humo de las orejas. Desordenado corre rápidamente a la cocina otra vez. Come el bistec y la sopa, pero no bebe el café con leche.

Regresa inmediatamente y pone el plato en la mesa. "¿Está bien, señor?" le pregunta. El pobre Leonardo mira el plato. ¡Hay 38 hamburguesas con lechuga, tomates y queso y un refresco! Leonardo está muy contento. Come todas las hamburguesas y bebe todo el refresco.

Desordenado le da una cuenta de 2,000 dólares por el arroz con pollo, una limonada, pescado con guisantes, pan y té helado, una ensalada de zanahorias, judías verdes y cebollas, leche, bistec, sopa de tomate, café con leche, una hamburguesa y un refresco. Leonardo se lo paga todo porque está tan contento que el Restaurante Elegante de España sí tiene hamburguesas.

~~~

¿Cuándo ocurrió?

The statements below are out of order. Number them so that they are in the same order as the events in the story.

_____ 1. Leonardo le pide arroz con pollo.   _____ 5. Leonardo come las hamburguesas.

_____ 2. Desordenado come el bistec.   _____ 6. Le sale humo de las orejas a Leonardo.

_____ 3. Desordenado le da pescado.   _____ 7. Desordenado le da 38 hamburguesas.

_____ 4. Desordenado come la ensalada.   _____ 8. Leonardo se lo paga todo.

Use these drawings to retell the main story.

Comprensión de lectura

¿Cómo va Pepita a preparar el almuerzo?

Pepita invita a Cacahuate a comer el almuerzo con su familia. Pepita tiene que preparar la comida. El problema es que no hay mucho para comer en la casa. Ella busca en el refrigerador, pero sólo hay dos cebollas, unas verduras, unas papas, pollo, café, arroz y leche. Pepita quiere preparar paella. Tiene arroz, pero no tiene ni pescado ni guisantes. Quiere preparar una ensalada, pero no tiene lechuga. Pepita quiere ir a la tienda, pero es la una y muchas tiendas están cerradas a la hora del almuerzo. Pepita mira lo que tiene y quiere preparar una sopa de verduras, papas y pollo. Pero no hay agua todo el día porque la ciudad quiere conservarla.

A la una y cuarto, Pepita tiene que ir al supermercado, que no cierra a la hora del almuerzo, para comprar todo lo que se necesita para la comida. Compra pescado, carne, pimienta roja y guisantes para la paella y lechuga, zanahorias y tomates para la ensalada. También compra unos refrescos. La familia la ayuda a preparar la comida.

Cacahuate llega a la casa a las dos y media y la familia come el almuerzo a las tres. La familia bebe refrescos con la comida sabrosa. Después, la familia duerme la siesta porque no hay agua para el aire acondicionado y hace mucho calor.

I. ¿Verdadero (V) o falso (F)?

Write V if the statement is true and F if the statement is false. If the statement is false, correct it to make it true.

_____ 1. Cacahuate prepara el almuerzo.

_____ 2. Pepita prepara el desayuno.

_____ 3. Pepita tiene arroz.

_____ 4. Pepita quiere preparar paella.

_____ 5. Pepita compra pescado en la tienda.

_____ 6. La familia come a las cuatro.

_____ 7. La familia duerme la siesta.

_____ 8. La familia bebe agua en el almuerzo.

_____ 9. El almuerzo es, más o menos, a las tres.

_____ 10. La familia come paella y ensalada.

II. Respuestas cortas

1. ¿Quién prepara el almuerzo? _____

2. ¿A quién invita a comer? _____

3. ¿Por qué no puede preparar paella? _____

4. ¿Por qué no están abiertas las tiendas? _____

5. ¿A qué hora va Pepita al supermercado? _____

6. ¿Por qué está abierto el supermercado? _____

7. ¿A qué hora come la familia? _____

8. ¿Qué come la familia en el almuerzo? _____

9. ¿Por qué duerme la siesta la familia? _____

10. ¿Por qué no hay agua todo el día? _____

III. La ilustración

On your own paper, draw a six-frame cartoon to illustrate the story.

Writing and Speaking Activities

I. Oral Sight-Reading

You will have 60 seconds to study the pictures below. Then you will have an additional 60 seconds to tell the story that goes with the pictures. You may want to talk about the fruits and vegetables sold at the market, which ones Carolina needs for dinner, what else she cooks for dinner, who helps her prepare for dinner, and what her family does after dinner. Your partner will have 60 seconds to do the same. Concentrate on speaking as quickly as possible and avoiding breaks, pauses, and stumbles. Don't worry about saying everything exactly right, but just keep talking. Do <u>not</u> speak in English.

Writing and Speaking Activities

II. Presenting the Story
(Give directions orally, write them on the board, or put them on an overhead transparency.)

Have students form groups of two or three and choose at least ten vocabulary words from any chapter. Each group will illustrate a new story that it has created (one illustration per group). After the story has been drawn, each group will practice telling its story before presenting it to the whole class. You may speak in English while planning the story, but there can be NO WORDS written on your picture in any language. Students will take their pictures with them when they present them to the class and choose actors to act out their skits.

III. Class Invention
Create an invention story in class using the overhead and then follow it with a quiz. The story should be about *Me gusta.* Be sure that in the course of the story students mention both singular and plural things that the main character, *Yo,* likes. You should subtly emphasize agreement and verb correctness as the story is being written. Students will simultaneously write the story in their notebooks. They will study the story for a short, open-story quiz the next day.

IV. Escritura libre
(Give directions orally, write them on the board, or put them on an overhead transparency.)

This will be the first freewriting exercise in this book. Freewriting means that students can tell any kind of story that they would like to tell. All they have to do is use five of the words below in their story. Students will write for ten minutes without stopping. When the ten-minute time period has ended, they will count their words, put the total number at the top, and circle it. If students are writing in a journal, they will be able to see their progress throughout the year. Their goal is to write 100 words during freewriting time by the end of the year.

Our goal as TPRS teachers is to ensure that our Level 1 students are able to write 100 words within seven minutes by the end of the school year. By the end of Level 2, they should be able to accomplish the task in five minutes. In both levels students will be making significant errors. Freewriting should be graded for fluency only, not for accuracy. By keeping a journal, students will be able to see their progress throughout the year. You can expect students to write between 30 and 40 words for the first freewriting exercise. By the second freewriting exercise, their fluency will begin to increase.

On their own paper, have students write a story using at least five of the following words or phrases: *(no) le gustan, (no) le encantan, los jamones, horribles, nunca, quieren, caminan, tienen hambre.*

At the end of the chapter, do ¿Lo sabes bien?, p. 148. This section will prepare students for the proficiency test.

Answer Key for ¿Cuándo ocurrió?

1. 1
2. 5
3. 2
4. 3
5. 7
6. 4
7. 6
8. 8

Answer Key for ¿Verdadero o falso?

F	1.	**Pepita** prepara el almuerzo.
F	2.	Pepita prepara **el almuerzo**.
V	3.	
V	4.	
F	5.	Pepita compra pescado en **el supermercado**.
F	6.	La familia come **a las tres**.
V	7.	
F	8.	La familia bebe **unos refrescos** en el almuerzo.
V	9	
V	10.	

Answer Key for Respuestas cortas

1. Pepita (la familia la ayuda)
2. Cacahuate
3. No tiene ni pescado ni guisantes.
4. Cierran a la hora del almuerzo.
5. a la una y cuarto
6. No cierra a la hora del almuerzo.
7. más o menos a las tres
8. paella y ensalada
9. Hace mucho calor porque no hay agua para el aire acondicionado.
10. La ciudad quiere conservarla.

The exercises in each chapter can be completed for homework, done as class or group work, or used as a quiz. Students will be able to complete the work less independently in the first few chapters.

CAPÍTULO 5

¿Cómo es tu familia?

Includes content from PASO A PASO 1, *pp. 150–179, and* PASO A PASO A, *pp. 186–227.*

Prior to teaching the vocabulary, read the Cultural Overview (Book 1, p. 149B; Book A, p. 185B) to students. Then have students read and discuss Perspectiva cultural, *(Book 1, pp. 164–165; Book A, pp. 198–199 and pp. 216–217). In the* minicuentos, *use the names of students in your class instead of characters' names, except in the case of the twins, Paco and Pablo.*

Minicuento 1

una muchacha	guapo	Tienen tres ojos verdes.
Tiene 16 años.	bajo	atractivo, -a
un hombre	feo	

Personalized Question Suggestions

¿Quién tiene 16 años? ¿Puedes manejar un coche? *(To a young girl)* ¿Qué haces cuando ves a un hombre atractivo caminando por la calle? ¿Le chiflas? *(Whistle.)* ¿Qué haces cuando ves que es un marciano y tiene tres ojos? ¿Vas a salir con el marciano guapo con tres ojos? ¿Quién quiere salir con un marciano atractivo con tres ojos? ¿Quién quiere salir con un marciano muy, muy, muy bajo? *(Indicate size with two fingers.)* ¿Un milímetro? ¿Son feos los marcianos o son atractivos? ¿Quién es un actor muy feo? ¿Quién es una actriz muy atractiva? ¿Quién es un actor muy bajo? *(Launch a personalized mini-situation about a girl in class who is 16 and is driving her car. She sees a very attractive Martian and she also sees a very ugly and short actor named _____. She whistles at the Martian because he is so handsome.)*

Los hombres guapos de Texas

Hay una muchacha de Texas que quiere ir al planeta X. La muchacha tiene 16 años. Va en un coche mágico. Cuando llega al planeta X, busca un hombre guapo. No hay hombres guapos. Todos los hombres son muy, muy bajos (un milímetro) y feos (no tienen nariz) y tienen seis ojos verdes. La muchacha regresa a Texas porque hay hombres muy atractivos en Texas.

Minicuento 2

una abuela simpática	los hombres menores	jóvenes inteligente	un perro
Tiene 99 años.	no le gustan	viejo, -a	

Personalized Question Suggestions

¿Quién tiene una abuela? ¿Es vieja o es joven? ¿Tiene 99 años? ¿Es simpática? ¿Vive sola? ¿Le gustan los jóvenes o sólo le gustan los mayores? ¿Es inteligente? ¿Son inteligentes los hombres en nuestra escuela? *(Coach affirmative responses.)* ¿Son simpáticos? ¿Son los hombres más simpáticos de todo el mundo? *(The men in our school, like _____ and _____, are soooo nice. Today they meet _____'s grandmother. She is lonely. They give her a dog. She is still lonely. They give her 14 hugs. Now she is happy.)*

La abuela y los hombres jóvenes

Hay una abuela muy simpática en Miami que vive sola. Tiene 99 años. Todos los hombres en Miami son menores que ella y no son muy inteligentes. A la abuela no le gustan los hombres jóvenes. La abuela busca un hombre viejo e inteligente. No lo puede encontrar. Compra un perro.

Minicuento 3

pequeño	pelo negro
se llama Lola	No tiene ni madre ni padre.
Tiene ojos negros.	grande

Novel Command Suggestions

Coge el perro grande. Se sienta en el lomo del perro porque el perro grande es tan grande como un caballo. Coge el perro pequeño. Es tan pequeño que se sienta en la mano. Coge un elefante. Bebe agua como un elefante pequeño. Bebe agua como un elefante grande.

Personalized Question Suggestions

¿Quién tiene ojos negros en las rodillas? ¿Quién tiene pelo negro en los pies? ¿Quién tiene un perro con ojos negros? ¿Quién tiene un perro que no tiene ni madre ni padre? ¿Quién tiene verduras con pelo largo y negro en el refrigerador?

La-la-la-la-Lola

Un elefante muy pequeño que se llama La-la-la-la-Lola se escapa del zoológico. Tiene ojos negros y es de color negro también. No tiene ni madre ni padre. Tiene mucha hambre. Va a un restaurante mexicano. Come mucho. Ahora es un elefante muy grande.

Have students read and discuss ¡Piensa en la cultura! (Book 1, pp. 152–153) or ¡Piénsalo bien! (Book A, pp. 188–189). Then read the Cultural Notes (Book 1, pp. 165 and 171; Book A, pp. 198, 199, and 209) to students. Also have students watch En vivo video segment 1.

Minicuento 4

el hijo único / la hija única
sus padres
su abuelo

un gato
ojos azules

Personalized Question Suggestions

¿Quién es hijo(a) único(a)? ¿Quién vive en una casa con su abuelo o abuela? ¿Quién tiene muchos hermanos? ¿Cuántos hermanos tienes? ¿Quién tiene muchos gatos? ¿Dónde viven tus padres? ¿Pueden tus padres vivir en una casa con tantos gatos? ¿Te gustaría vivir solo(a) en una casa con tantos gatos? *(Personalized mini-situation idea: Parents have to move out because _____ has so many cats. Finally, _____ has to move out too because there is no more room. _____ goes to live with his or her grandpa.)*

El gato Azul

Hay una hija única que quiere ir a bailar, pero a sus padres no les gusta estar solos. Quieren jugar videojuegos con ella cada noche. La muchacha está muy triste. Le dice a su abuelo: "Me siento horrible." El abuelo es muy simpático. Les compra un gato con ojos azules a los padres. El gato se llama Azul. Ahora los padres juegan videojuegos con Azul y la muchacha puede ir a bailar.

Minicuento 5

los gemelos
cariñoso
antipático

le encanta Paco
no le gusta Pablo

¿Paco o Pablo?

Los gemelos, Paco y Pablo, son muy guapos. Paco es muy cariñoso también. Pablo es muy antipático. A Silvia le encanta Paco, pero no le gusta Pablo. El lunes Pablo le dice a Silvia: "¿Quieres salir conmigo?" Silvia le dice: "No, me gusta Paco." El martes Pablo le dice: "Soy Paco. ¿Quieres salir conmigo?" Silvia le dice: "¡Sí!"

Minicuento 6

bonita	pelo rubio	Tiene sólo 15 años.	Tengo 17 años.
un muchacho	el padre	¿Cómo se llama?	
ojos grises	su hija	¿Cuántos años tienes?	

¿Cuántos años tienes? ¿Tienes 22 años? ¿Tienes 12 años? ¿De qué color es el pelo de tu padre? ¿Tiene pelo o es calvo? ¿Quién es más bonita, _____ *(female actress, singer, model)* o _____ *(nonhuman character from a popular movie)*? ¿Hay alguien en la clase que tenga ojos grises?

La muchacha joven y el muchacho que canta bien

Hay una muchacha muy bonita. Un muchacho con ojos grises y pelo rubio quiere salir con ella. Va a su casa donde ella está en el balcón. El muchacho le canta "Bésame mucho" y toca la guitarra. El padre de ella oye la música. Está enojado porque su hija tiene sólo 15 años. El padre le dice a su hija: "¿Cómo se llama el muchacho?" La muchacha bonita le dice: "Se llama _____." El padre le grita al muchacho: "¿Cuántos años tienes, _____?" El muchacho le dice: "Tengo 17 años, señor." El padre es muy antipático y el muchacho corre a su casa. La muchacha que tiene 15 años llora.

Minicuento 7

Tiene pelo castaño.	setenta y dos tíos	el primo mayor
todos sus tíos	un tío	la prima menor
sus dos primos	una tía	

Novel Command Suggestions

La tía baila. El tío baila. La prima baila con mucha elegancia. El primo baila como un loco. Se corta el pelo. Se corta el pelo con una cuchara. Tira los pelos rubios. Come el pelo castaño. *(Demonstrate pretending to throw someone's blonde hair and pretending to eat someone's brown hair. Then have students do the same.)*

Personalized Question Suggestions

¿Tienes primos mayores? ¿Tienes primos menores? ¿Cuántos primos tienes? ¿Cuántos tíos tienes? ¿Tienes más de setenta y dos tíos? ¿Tienen pelo castaño todos tus tíos?

La familia grande y la fiesta terrible

Una muchacha quiere ir a una fiesta. La muchacha tiene pelo castaño y es muy popular. Su padre le dice que puede ir a la fiesta si todos sus tíos y sus dos primos van con ella. La muchacha y los setenta y dos tíos y primos van a la fiesta. Un tío baila en la mesa y canta "Feliz Navidad." Una tía come los zapatos de las personas en la fiesta. Los primos juegan fútbol americano en la casa. El primo mayor besa a la prima menor. La prima le dice: "¡Qué asco! Prefiero besar un perro feo." La muchacha se escapa de la fiesta y corre a su casa. Ahora no es una persona muy popular.

Minicuento 8

una mujer	pelirrojo, -a	su madre	cien
ojos marrones	su hermano	¿Cuántos?	
pelo canoso	su hermana	nadie	

Novel Command Suggestions

La madre llora. El padre llora. Una mujer estornuda. Le dice: "Salud." Nadie llora. Nadie estornuda. Su hermano estornuda. Su hermano tiene pelo canoso. Lo quiere. Coge el pelo de su hermano y le roba el pelo. *(Choose someone from the class to represent the brother.)* Se pone el pelo canoso en la cabeza.

Personalized Question Suggestions

¿Quién es pelirrojo(a)? ¿Quién tiene pelo canoso? ¿Cuántos pelos tienes? ¿Quién tiene ojos marrones? ¿Cuántos ojos marrones tienes? ¿Cuatro?

Ojos verdes, por favor

Hay una mujer que está muy triste porque tiene ojos marrones y pelo canoso. Quiere ojos verdes y quiere ser pelirroja. Toda su familia tiene ojos marrones y pelo canoso. Su hermano, su hermana, su madre y su padre tienen ojos marrones y pelo canoso. Nadie tiene ojos verdes o es pelirrojo. La mujer decide ir a la casa de su amigo que se llama _____. Él tiene ojos verdes y es pelirrojo. Ella le dice: "Quiero ojos verdes y quiero ser pelirroja." El amigo le dice: "¿Cuántos ojos verdes quieres?" La mujer le dice: "Dos." El amigo le dice: "Doscientos dólares, por favor." Y él le pregunta: "¿Y cuántos pelos?" La mujer le dice: "Sólo dos." Ella no tiene cien dólares por cada pelo. Ahora la mujer tiene dos ojos verdes y dos pelos pelirrojos porque _____ tiene marcadores muy grandes que son verdes y rojos.

Prior to teaching Cuento principal, *have students watch* En vivo *video segment 2.*

Prior to beginning Comprensión de lectura, *have students read* ¡Vamos a leer! *(Book 1, pp. 174–175; Book A, pp. 224–225). Then have students apply the strategies that they have learned to the reading comprehension story. Also have students watch* En vivo *video segment 3.*

Cuento principal

~~~~~~

Los gemelos

Los gemelos Paco y Pablo Gutiérrez Sánchez van a la escuela _____ *(name of your school)*. Paco tiene pelo rubio. Pablo tiene pelo rubio. Paco tiene ojos marrones. Pablo tiene ojos marrones. Paco es alto. Pablo es alto. Paco tiene pecas en las mejillas. Pablo no tiene pecas en las mejillas.

Un día, Paco tiene un examen de matemáticas. Pablo tiene un examen de inglés. A Paco no le gusta la clase de matemáticas. A Pablo no le gusta la clase de inglés. A Paco le encanta la clase de inglés. A Pablo le encanta la clase de matemáticas. Los gemelos tienen una gran idea. Pablo se pone pecas en las mejillas con un marcador negro. Paco va a la clase de inglés. Pablo va a la clase de matemáticas.

La profesora de matemáticas le da el examen. ¡Pablo toma el examen de Paco y recibe un 10! Pero Pablo está tan contento que llora. Llora tanto que pronto, no tiene pecas en las mejillas. La profesora de matemáticas está muy enojada.

La profesora de inglés mira las pecas en las mejillas de Paco. La profesora le dice: "Paco Gutiérrez Sánchez, ¿por qué estás en mi clase? ¿Dónde está Pablo?" Paco no toma el examen de Pablo y recibe un 0.

Cuando Paco y Pablo llegan a la casa después de las clases, sus padres están muy enojados. Los hermanos tienen que limpiar toda la casa cada día por seis años.

~~~~~~

¿Cuándo ocurrió?

The statements below are out of order. Number them so that they are in the same order as the events in the story.

_____ 1. Paco y Pablo limpian la casa.

_____ 2. Paco recibe un 0 en el examen de Pablo.

_____ 3. Paco va a la clase de inglés.

_____ 4. Pablo recibe un 10 en el examen de Paco.

_____ 5. Pablo se pone pecas en las mejillas.

_____ 6. Los padres están enojados.

_____ 7. Pablo llora porque está contento.

_____ 8. Los gemelos llegan a la casa.

Use these drawings to retell the main story.

Comprensión de lectura

Mariana, la jovencita

Hay una muchacha que se llama Mariana Vargas Llosa. Mariana tiene seis años y quiere un perro para su cumpleaños. Mariana les dice a su madre y a su padre: "Quiero un perro pequeño para mi cumpleaños." Los padres le dicen: "No, Mariana. Eres demasiado joven." Mariana no recibe un perro porque tiene sólo seis años.

Cuando Mariana tiene siete años les dice a sus hermanos: "Quiero un perro de color rojo para mi cumpleaños." Los hermanos le dicen: "No, Mariana. Eres demasiado joven." Mariana no recibe un perro porque tiene sólo siete años.

Cuando Mariana tiene ocho años les dice a sus abuelos: "Para mi cumpleaños quiero un perro con ojos verdes, por favor." Sus abuelos le dicen: "No, Mariana. Eres demasiado joven." Mariana no recibe un perro porque tiene sólo ocho años.

Cuando Mariana tiene nueve años les pide un perro a sus tíos. "Quiero un perro de color negro para mi cumpleaños, por favor." Sus tíos le dicen: "No, Mariana. Eres demasiado joven." Mariana no recibe un perro para su cumpleaños porque tiene sólo nueve años.

Cuando Mariana tiene diez años les pide un gato a sus primos. "Quiero un gato bonito para mi cumpleaños." En el día del cumpleaños de Mariana, sus padres le dan un perro pequeño. Sus hermanos le dan un perro de color rojo. Sus abuelos le dan un perro con ojos verdes. Sus tíos le dan un perro de color negro. Sus primos le dan un gato bonito. La familia se ríe. El señor Vargas le dice a la familia: "¡Tenemos una casa muy pequeña!" y el señor Vargas llora y llora. La señora Llosa de Vargas le dice a la familia: "Tenemos que comprar una casa más grande." Ahora el señor Vargas está contento. Mariana está muy contenta porque tiene cuatro perros y un gato.

I. ¿Verdadero (V) o falso (F)?

Write V if the statement is true and F if the statement is false. If the statement is false, correct it to make it true.

_____   1. Mariana quiere un perro.

_____   2. Mariana quiere un elefante.

_____   3. Mariana es joven.

_____   4. Mariana les pide un perro a sus hijos.

_____   5. Mariana les pide un perro pequeño a sus padres.

_____   6. Sus hermanos le dan un perro de color negro.

_____   7. Mariana quiere un gato bonito.

_____   8. Mariana tiene cuatro gatos.

_____   9. La familia llora porque hay muchos animales.

_____   10. La familia necesita una casa más pequeña.

II. Respuestas cortas

1. ¿Cómo se llama la muchacha? _____

2. ¿Qué les pide la muchacha a sus padres? _____

3. ¿Por qué no le dan un perro? _____

4. ¿Qué tipo de perro les pide la muchacha a sus tíos? _____

5. ¿Qué quiere la muchacha cuando tiene diez años? _____

6. ¿Qué le dan sus hermanos? _____

7. ¿Qué le dan sus abuelos? _____

8. ¿Qué tipo de casa tiene la familia? _____

9. ¿Por qué necesita la familia una casa más grande? _____

10. ¿Cuántos perros y gatos tiene la familia? _____

III. La ilustración

On your own paper, draw a six-frame cartoon to illustrate the story.

Writing and Speaking Activities

I. Oral Sight-Reading

You will have 60 seconds to study the pictures below. You will then have an additional 60 seconds to talk about the people in the pictures. You may want to talk about the relationships between the family members, their physical characteristics (height, age, attractiveness, and so on), and give any other information suggested by the pictures. At the end of 60 seconds, your partner will have 60 seconds to do the same. Concentrate on speaking as quickly as possible and avoiding breaks, pauses, and stumbles. Don't worry about saying everything exactly right, but just keep talking. Do <u>not</u> speak in English.

Writing and Speaking Activities

II. Presenting the Story
(Give directions orally, write them on the board, or put them on an overhead transparency.)

Have students form groups of two or three and choose at least ten vocabulary words from any chapter. Each group will illustrate a new story that it has created (one illustration per group). After the story has been drawn, each group will practice its story before presenting it to the whole class. Students may speak in English while planning the story, but there can be NO WORDS written on their pictures in any language. Students will take their pictures with them when they present them to the class and choose actors to act out their skits.

III. Class Invention
Create an invention story using the overhead or chalkboard. Students will contribute ideas for the story as it is being written. You should subtly emphasize agreement and verb correctness as the story is being written. Students will simultaneously write the story in their notebooks. They will study the story for a short, open-story quiz the next day. A story created in class might look like this.

Ricardo y Bob

Un muchacho que se llama Ricardo tiene dos hermanos y una hermana. A Ricardo le gusta jugar tenis en el verano. Ricardo es muy alto y tiene ojos azules. Ricardo es pelirrojo. Tiene un perro que se llama Bob. Bob es de color blanco y tiene ojos verdes. Bob es antipático. A él no le gustan los gatos y los come.

The next day, have students take out their copies of the story and number their papers from one through ten. Ask students ten simple questions about the story. Use true / false, yes / no, or one-word answers. Quizzes can be graded very quickly in class so that students receive immediate feedback. This exercise can be done in each chapter just prior to the freewriting exercise so that students are reminded to focus on one or two features of the language.

IV. Guide Words
This will be the first time that we have attempted to teach grammar explicitly within the context of stories. It is important that you do not introduce a new grammar point at the same time that you introduce a new story. In this chapter, we will change a story from the *él / ella / Ud.* form to the *ellos(as) / Uds.* form. Write *Minicuento 4* from Chapter 2 on an overhead transparency using only guide words like those on p. 63. As you are writing the guide words in the left-hand column, tell the story in its entirety. Then tell the class that instead of having one main character, these events are going to happen to two people, Cacahuate and Pancho. As you are retelling the story, have the class help you to think of the appropriate changes. The class should be writing these two lists in their notebooks. Write the changes in the right-hand column.

El muchacho que llega tarde

_____ camina a la escuela a las siete de la mañana. ¡No tiene su mochila! Corre a la casa porque necesita su mochila. Camina a la escuela otra vez a las siete y cuarto. ¡No tiene su carpeta! Corre a la casa por la carpeta. Regresa a la escuela a las siete y media. La clase de primera hora empieza a las siete y veintiocho. _____ llega tarde. La profesora le grita: "¿Qué hora es, _____?" Pobrecito.

camina	caminan
No tiene su mochila.	No tienen sus mochilas.
Corre	Corren
necesita su mochila	necesitan sus mochilas
Camina	Caminan
No tiene su carpeta.	No tienen sus carpetas.
Corre	Corren
Regresa	Regresan
empieza	empieza
llega	llegan
le grita:	les grita:

Explain why *empieza* and *grita* do not change. Explain why *su* and *le* do change. Ask students what they think would happen if there were two teachers. When you have finished creating your list, students should rewrite either this story in the new form or *Minicuento 1* from Chapter 4 for homework.

V. Escritura libre
(Give directions orally, write them on the board, or put them on an overhead transparency.)

On their own paper, have students write a story about a boy using at least five of the following words: *guapo, simpático, joven, el abuelo, el hermano.*

At the end of the chapter, do ¿Lo sabes bien?, p. 178. This section will prepare students for the proficiency test.

Answer Key for ¿Cuándo ocurrió?
1. 8	3. 2	5. 1	7. 4
2. 5	4. 3	6. 6	8. 7

Answer Key for ¿Verdadero o falso?
V	1.
F	2. Mariana quiere un **perro.**
V	3.
F	4. Mariana les pide un perro **a sus padres, a sus hermanos, a sus abuelos y a sus tíos.**
V	5.
F	6. Sus hermanos le dan un perro **de color rojo.**
V	7.
F	8. Mariana tiene cuatro **perros.**
F	9. La familia **se ríe** porque hay muchos animales.
F	10. La familia necesita una casa **más grande.**

Answer Key for Respuestas cortas
1. Mariana
2. un perro pequeño
3. porque es demasiado joven
4. un perro de color negro
5. un gato
6. un perro de color rojo
7. un perro con ojos verdes
8. pequeña
9. Answers will vary but may include: Tienen muchos animales; la casa es pequeña.
10. cuatro perros, un gato.

CAPÍTULO 6

¿Qué desea Ud.?

Includes content from PASO A PASO 1, *pp. 180–215, and* PASO A PASO A, *pp. 228–271.*

Prior to teaching the vocabulary, read the Cultural Overview (Book 1, p. 179B; Book A, p. 227B) to students. Then have students read and discuss Perspectiva cultural *(Book 1, pp. 198–199; Book A, pp. 240–241 and pp. 258–259). Coach good acting!*

Minicuento 1

desea comprar	los tenis	anaranjado, -a	barato, -a
la ropa	morado, -a	paga por	pagaste
nuevo, -a	las pantimedias	caro, -a	compraste
un almacén			

Novel Command Suggestions
Desea comprar los tenis del (de la) profesor(a). ¡Desea comprar las pantimedias del (de la) profesor(a)! Compra ropa en un almacén muy caro. *(Take out oodles of money from wallet.)* Compra ropa en un almacén barato. *(Pay with one coin.)*

Personalized Question Suggestions
¿Quién no lleva pantimedias hoy? *(Look for any student who neglected to raise his or her hand.)* ¡_____ lleva pantimedias hoy! ¿De qué color son sus pantimedias? ¿Son moradas o son anaranjadas? _____ lleva pantimedias anaranjadas. ¿Llevas pantimedias anaranjadas con tenis? ¿Cuánto pagaste por las pantimedias anaranjadas? ¿75,000 dólares o un centavo*? ¿Las compraste en un almacén o en _____ *(local fast-food restaurant)*? ¿Prefieres comprar pantimedias nuevas en un almacén o en una tienda de descuentos?

*Explain that a *centavo* is a unit of currency in Spanish-speaking countries that is worth approximately one cent.

Ropa de moda

Una marciana visita la Tierra porque desea comprar ropa nueva. En un almacén se pone cuatro tenis en sus cuatro manos moradas. Se pone unas pantimedias en sus dos cabezas anaranjadas. Paga por todo con piedras de la Luna.

Minicuento 2

> una tienda de descuentos   gris   lleva
> buscar   una ganga   compra
> un suéter   cuesta

Novel Command Suggestions

Compra un suéter en una tienda de descuentos por un centavo. ¡Qué ganga! Lleva un suéter muy bonito. *(Adopt modeling pose.)* Lleva un suéter feo. ¡Se quita el suéter muy rápidamente! ¡Qué asco!

Personalized Question Suggestions

¿Te gusta buscar gangas? ¿Te gusta comprar ropa en tiendas de descuentos? ¿Cuánto cuesta un suéter? ¿Es una ganga comprar un suéter por diez dólares? ¿Quién en la clase lleva un suéter gris? ¿Quién tiene un suéter gris? ¿Puedo comprar tu suéter gris? ¿Cuánto cuesta? ¿Cuesta 38 millones de dólares o cuesta un centavo?

Dos suéteres grises

Un muchacho va a una tienda de descuentos a buscar un suéter gris. ¡Qué ganga! Cuesta sólo un centavo. Una muchacha guapa le sonríe porque lleva el mismo suéter. ¡Qué casualidad!*

* What a coincidence!

Minicuento 3

> un joven   Perdón.   señor
> una sudadera   ¿Cuánto cuesta?   ciento dos dólares
> para su mamá   esta sudadera   esa tienda de ropa

Personalized Question Suggestions

¿Quién en la clase lleva una sudadera? ¿Llevas una sudadera en el verano cuando hace sol? ¿Llevas una sudadera porque sudas mucho? ¡Por supuesto que no! ¿Cuánto cuesta una sudadera? ¿Qué compras para tus padres? ¿Compras sudaderas? ¿Compras chocolate? ¿Dónde compras ropa para tus padres, en una tienda de ropa o en _____ *(local fast-food restaurant)? (Personalized mini-situation idea: Student goes to local fast-food restaurant and wants to buy a sweatshirt for three million forty-eight dollars. They don't sell sweatshirts at the restaurant, so the girl who is working there sells him the sweatshirt she is wearing because she needs the money.)*

Historia de una sudadera

Un joven de los Estados Unidos va a un almacén a comprar una sudadera para su mamá porque ella suda mucho. Le pregunta a un hombre: "Perdón, ¿cuánto cuesta esta sudadera, señor?" El señor le dice: "¿Esta sudadera? Ciento dos dólares." El joven se lo paga. El hombre se ríe porque no trabaja en esa tienda de ropa.

Prior to teaching the vocabulary, have students read and discuss ¡Piensa en la cultura! *(Book 1, pp. 182–183) or* ¡Piénsalo bien! *(Book A, pp. 230–231). Then read the Cultural Notes (Book 1, pp. 183, 197, and 199; Book A, pp. 230, 231, 237, 240, and 241) to students. Also have students watch* En vivo *video segment 1.*

Minicuento 4

compran	pantalones rosados	los tenis anaranjados
vestidos rojos	una camisa amarilla	¡Qué atractivo!
¿Te quedan bien?	los calcetines rojos	

Personalized Question Suggestions

¿Quién lleva calcetines rojos hoy? ¿Quién lleva tenis anaranjados? ¿Quién lleva calcetines rojos con tenis anaranjados? ¿Por qué no? ¡Qué atractivo!, ¿no? ¿Quién lleva una camisa amarilla con pantalones rosados? ¿Por qué no llevas amarillo con rosado? ¿Quién lleva un vestido rojo y elegante a la escuela hoy? ¿Por qué no llevas un vestido elegante a la escuela? ¿Adónde vas cuando llevas un vestido elegante? ¿Llevas un vestido elegante cuando vas a un baile formal? ¿Lo llevas cuando vas a prom? ¿Qué compras para ir a un baile formal? ¿Un traje? ¿Un traje verde? ¿Quién quiere llevar tenis anaranjados y pantalones rosados a prom? ¿Te quedan bien?

Dos hermanas simpáticas

Dos hermanas buscan vestidos muy elegantes porque van a un concierto con su padre. Compran vestidos rojos que les quedan bien. Llegan al concierto a las ocho. El padre llega y lleva pantalones rosados, una camisa amarilla, calcetines rojos y tenis anaranjados. Las hermanas son muy simpáticas y le dicen: "¡Qué atractivo!"

Minicuento 5

(yo) compro	(A mí) me gustan los zapatos.
mi ropa	ciento tres
Tienda Cara	¡Qué triste!

Personalized Question Suggestions

¿Te gustan los zapatos? ¿Cuántos zapatos tienes? ¿Tienes ciento tres zapatos? ¿Compras ropa en tiendas caras o en tiendas de descuentos? ¿Buscas gangas cuando compras o pagas mucho dinero por tu ropa y zapatos? ¿Cuánto cuesta un zapato? ¿Puedes comprar un zapato o tienes que comprar dos zapatos a la vez? ¿Cuesta más comprar dos zapatos o cuesta lo mismo?

Un trabajo nuevo

Compro toda mi ropa en una tienda de ropa que se llama Tienda Cara. Me gustan los zapatos. Cada zapato en Tienda Cara cuesta 2,000 dólares. Tengo ciento tres zapatos. Pero un día no tengo más dinero. Voy a Tienda Cara por un trabajo porque quiero comprar más y más y más zapatos. Ahora limpio el chicle del suelo en Tienda Cara por un centavo cada día. ¡Qué triste!

Minicuento 6

la otra	lo lleva	¡Qué generosa!
marrón	una falda negra	
desea llevarlo	una blusa	

Novel Command Suggestions

Se pone una falda en la cabeza. Se pone una blusa en la pierna. Se quita la falda de la cabeza. Le da la cabeza a otra persona. ¡Qué generosa! Se quita la blusa de la pierna. Le da la pierna a otra persona. ¡Qué generosa!

Personalized Question Suggestions

¿Quién lleva una blusa hoy? ¿Quién quiere llevar la blusa de _____ hoy? ¿Quién desea llevarla? ¿De qué color es la blusa? ¿Es marrón? _____, ¿quieres darle tu blusa a _____? ¡Qué generosa! ¿Cuánto cuesta la blusa? ¿98 millones de dólares? ¿Tienes 98 millones de dólares? ¿Es una ganga? ¿Piensas que hay otra blusa en una tienda de ropa que cueste menos de 98 millones de dólares?

La hermana generosa

Hay una familia con dos hermanas. Una hermana tiene 16 años y la otra hermana tiene dos años. Un día la hermana mayor busca su vestido marrón. Lo busca por toda la casa. La hermana mayor desea llevarlo a un baile. Lo busca en el refrigerador y en la piscina, pero no lo encuentra. Por fin, lo encuentra. Su hermana menor lo lleva y está sonriendo mucho. La hermana mayor decide llevar una falda negra y una blusa al baile. ¡Qué generosa!

Minicuento 7

los pantalones cortos	una chaqueta
una camiseta	Cuesta dos dólares.
Cuestan cien mil dólares.	azul

Novel Command Suggestions

Se pone pantalones cortos. Se pone una camiseta y una chaqueta. Busca una chaqueta en una tienda de descuentos de _____ (expensive brand name). ¡Cuesta dos dólares! ¡Es una ganga! Compra la chaqueta. Busca pantalones cortos. Cuestan cien mil dólares. No es una ganga. No los compra.

¿Quién lleva pantalones cortos? ¿De qué color son? Quiero comprar sus pantalones cortos. ¿Cuánto cuestan? ¿Cuánto cuesta tu camiseta? Quiero comprar tu camiseta también. ¿Cuesta 77 millones de dólares? Es una ganga porque es ropa muy bonita. *(Personalized mini-situation idea: Teacher buys clothes from students for exorbitant prices because students have such good taste in clothes.)*

El muchacho que esquía en pantalones cortos

Un muchacho y una muchacha quieren esquiar en El Pico de Veleta en la Sierra Nevada en España en diciembre. El muchacho va a una tienda de ropa cara y compra pantalones cortos y una camiseta. Cuestan cien mil dólares. La muchacha va a una tienda de descuentos y compra calcetines, una chaqueta, jeans, una sudadera y zapatos. Cuestan dos dólares. Cuando van a España el muchacho lleva pantalones cortos y una camiseta. El muchacho regresa de España completamente azul. ¡Qué lástima!

Minicuento 8

(tú) buscas	¿Cómo le quedan	me quedan bien	blancos
la señora	esos calcetines?	verde	por aquí
la zapatería	estos calcetines	¿Qué desea Ud.?	

Personalized Question Suggestions

Mira los calcetines que llevo. ¿Me quedan bien? ¿De qué color son estos calcetines? ¿Son blancos o verdes? ¿Quieres llevar mis calcetines _____ *(color)*? Se pone mis calcetines. Clase, ¿cómo le quedan esos calcetines? ¿Puedes comprar calcetines por aquí? ¿Puedes comprarlos en una zapatería? ¿Puedes comprar plátanos en una zapatería? *[Personalized mini-situation idea: _____ (name of famous actress) compra 49 calcetines en una zapatería que se llama _____ (name of shoe store). Cuestan 97 dólares. Ella tiene 96 dólares. Busca un dólar en sus calcetines. Le dice a la dueña: "Perdón, señora." Ella le dice: "¿Qué desea Ud.?" Le da un dólar. Ella le da un calcetín y le dice: "Gracias." El calcetín de _____ le queda bien.]*

Calcetines caros

Buscas unos calcetines. Eres tacaño(a). La señora en la zapatería te pregunta: "¿Cómo le quedan esos calcetines?" Le respondes: "Estos calcetines me quedan bien, pero no me gustan los calcetines verdes." Buscas otros. "¿Qué desea Ud.?" te pregunta la señora. Le preguntas: "¿Cuánto cuestan estos calcetines blancos?" "Un peso" te dice. Sales de la zapatería porque esos calcetines son muy caros.

Prior to teaching Cuento principal, *have students watch* En vivo *video segment 2.*

Prior to beginning Comprensión de lectura, *have students read* ¡Vamos a leer! *(Book 1, pp. 210–211; Book A, pp. 268–269). Then have students apply the strategies that they have learned to the reading comprehension story. Also have students watch* En vivo *video segment 3.*

Cuento principal

Papas y salsa de tomate

Hay un muchacho a quien le gusta comer papas en el desayuno cada día. Se llama Cachetón y tiene 15 años. Cachetón quiere ir al baile el sábado con alguna muchacha.

El lunes en la clase de matemáticas ve a Hermosa. Hermosa huele a perfume. Cachetón lleva pantalones morados, una camisa amarilla con flores, tenis anaranjados y un sombrero muy, muy grande. También huele a papas. Hermosa le pregunta: "¿Qué desea?" Cachetón <u>quiere</u> decir: "¿Quieres ir al baile conmigo?" pero le dice: "Uhhh . . . esa falda es bonita."

El miércoles Cachetón ve a Princesa en la clase de ciencias sociales. Princesa huele a flores. Cachetón escribe "¿Quieres ir al baile conmigo?" en una hoja de papel. Cachetón huele a papas. Ella le dice: "Hola, Cachetón." Cachetón le dice: "Uhhh." Princesa le responde: "Esa ropa es muy . . . interesante." Cachetón <u>quiere</u> darle la hoja de papel, pero la tira en el basurero.

El viernes Cachetón ve a Simpática en la clase de música. Simpática es la muchacha más bonita de toda la escuela. Cachetón lleva una camisa rosada con flores, jeans anaranjados y zapatos rojos. Simpática lleva una camiseta roja, una falda anaranjada y zapatos morados. A Simpática le gusta Cachetón porque huele a papas. A Cachetón le gusta Simpática porque huele a salsa de tomate. Cachetón <u>quiere</u> decir: "Perdón, ¿quieres ir a un baile conmigo?" Pero Simpática le dice: "Tú hueles bien. ¿Quieres ir al baile conmigo?" Cachetón tiene suerte porque a Simpática también le gustan mucho las papas.

¿Cuándo ocurrió?

The statements below are out of order. Number them so that they are in the same order as the events in the story.

_____ 1. Simpática le dice: "Tú hueles bien."

_____ 2. Cachetón ve a Simpática.

_____ 3. Cachetón quiere ir al baile.

_____ 4. Cachetón lleva un sombrero muy grande.

_____ 5. Princesa huele a flores.

_____ 6. Cachetón ve a Hermosa.

_____ 7. A Simpática le gusta Cachetón.

_____ 8. Cachetón tira el papel en el basurero.

Use these drawings to retell the main story.

Comprensión de lectura

Los jeans amarillos

Una señora es dueña de una tienda de ropa. Es muy alta y tiene pelo largo y rubio. El lunes un muchacho entra en la tienda y busca jeans amarillos. La dueña le dice que no los hay. El muchacho le pregunta: "¿Cuánto cuestan los jeans amarillos?" La señora le dice que no cuestan nada porque no hay jeans amarillos. El muchacho está muy contento porque los jeans amarillos no son muy caros porque no cuestan nada. El amarillo es su color favorito. "Quiero comprarlos," le dice el muchacho. La señora se tira de los pelos. Hay pelo por todas partes.

El miércoles, el muchacho entra en la tienda otra vez y se pone los jeans azules. Le dice: "¿Cómo me quedan?" La señora le dice que ésos le quedan bien. Le dice que cuestan doscientos dólares. El muchacho le dice que prefiere los jeans amarillos porque son más baratos que los jeans azules. La señora se tira de los pelos. Hay pelo por todas partes.

El viernes, el muchacho entra en la tienda otra vez. Le dice: "Quiero comprar los jeans amarillos." La señora le dice que hay un tipo de pantalones muy especial pero muy caro. El muchacho le responde: "¡Qué suerte!" La señora saca una hoja de papel grande y de color amarillo del basurero y hace un par de pantalones muy rápidamente. El muchacho le pregunta: "¿Para mí?" y se pone los jeans de papel usando mucha cinta adhesiva. "¿Cuánto cuestan estos jeans?" La señora le dice: "Dos millones de dólares." El muchacho le da dos millones de dólares y está muy contento cuando sale de la tienda. Hoy, la señora va a Hawaii. ¡Qué bueno! Pero es calva. ¡Qué malo!

I. ¿Verdadero (V) o falso (F)?

Write V if the statement is true and F if the statement is false. If the statement is false, correct it to make it true.

_____ 1. La dueña de la tienda es una mujer.

_____ 2. El muchacho busca unos jeans rojos.

_____ 3. El muchacho quiere jeans amarillos.

_____ 4. La señora tiene jeans amarillos y baratos.

_____ 5. La señora no tiene jeans amarillos porque no los hay.

_____ 6. El muchacho se pone los jeans azules.

_____ 7. La señora tiene papel amarillo en el basurero.

_____ 8. La señora hace un par de jeans amarillos para el muchacho.

_____ 9. El muchacho se pone los jeans usando cinta adhesiva.

_____ 10. La señora tiene mucho pelo.

II. Respuestas cortas

1. ¿Quién es la dueña de la tienda de ropa? _____

2. ¿Cómo es la dueña? _____

3. ¿Qué busca el muchacho? _____

4. ¿Cuál es el color favorito del muchacho? _____

5. ¿Por qué se tira de los pelos la dueña? _____

6. ¿De qué color son los jeans que tienen en la tienda? _____

7. ¿De qué color son los jeans que cuestan doscientos dólares? _____

8. ¿Quién hace los pantalones de papel? _____

9. ¿Cuánto cuestan los jeans de papel? _____

10. ¿Adónde va la señora? _____

III. La ilustración

On your own paper, draw a six-frame cartoon to illustrate the story.

Writing and Speaking Activities

I. Oral Sight-Reading

You will have 60 seconds to study the pictures below. You will then have an additional 60 seconds to tell the story that goes with the pictures. You may want to talk about why Elisa and David need to go shopping, name the items sold in the clothing store, say whether you think the items are expensive or inexpensive, and describe what they buy for their father. When you have finished, your partner will have 60 seconds to study the pictures and then tell you the story. Concentrate on speaking as quickly as possible and avoiding breaks, pauses, and stumbles. Don't worry about saying everything exactly right, but just keep talking. Do <u>not</u> speak in English.

Writing and Speaking Activities

II. Presenting the Story
(Give directions orally, write them on the board, or put them on an overhead transparency.)

Have students form groups of two or three and choose at least ten vocabulary words from any chapter. Each group will illustrate a new story that it has created (one illustration per group). After the story has been drawn, each group will practice telling its story before presenting it to the whole class. Students may speak in English while planning the story, but there can be NO WORDS written on their pictures in any language. Students will take their pictures with them when they present them to the class and choose actors to act out their skits.

III. Class Invention
Create an invention story in class using the overhead and follow it with a quiz. The story should be about *Yo*. Make sure that students notice the verb endings. When using adjectives to describe the main character, point out that boys will use the masculine ending and girls will use the feminine ending. You should subtly emphasize agreement and verb correctness as the story is being written. Students will simultaneously write the story in their notebooks. They will study the story for a short, open-story quiz the next day.

IV. Guide Words
Using the Personalized Question Suggestions from Chapter 2, *Minicuento 4,* point out how the *él / ella / Ud.* form changes to the *tú* form in the present tense. Rewrite the story (see example in Chapter 5) changing the *él / ella / Ud.* verb forms to the informal second person singular *(tú)* verb form. Write the guide words on an overhead transparency in the left-hand column. As you are writing the guide words, tell the story in its entirety. Then tell the class that each one of them *(tú)* is the main character. As you are retelling the story, have the class help you to think of the appropriate changes. The class should be writing these two lists in their notebooks. Write the changes in the right-hand column.

El muchacho que llega tarde

_____ camina a la escuela a las siete de la mañana. ¡No tiene su mochila! Corre a la casa porque necesita su mochila. Camina a la escuela otra vez a las siete y cuarto. ¡No tiene su carpeta! Corre a la casa por la carpeta. Regresa a la escuela a las siete y media. La clase de primera hora empieza a las siete y veintiocho. _____ llega tarde. La profesora le grita: "¿Qué hora es, _____?" Pobrecito.

camina	caminas
no tiene su mochila	no tienes tu mochila
Corre	Corres
necesita su mochila	necesitas tu mochila
Camina	Caminas
No tiene su carpeta.	No tienes tu carpeta.
Corre	Corres
Regresa	Regresas
empieza	empieza
llega	llegas
le grita:	te grita:

Explain why *empieza* and *grita* do not change. Explain why *su* and *le* do change. When you have finished creating your list, students should rewrite either this story in the new form or *Minicuento 1* from Chapter 4 for homework.

V. Escritura libre

(Give directions orally, write them on the board, or put them on an overhead transparency.)

On their own paper, have students write a story about themselves using at least five of the following words or phrases: *la tienda de ropa, la ganga, anaranjado, -a, ¡Qué + adjetivo, pantalones, un joven, la chaqueta.*

At the end of the chapter, do ¿Lo sabes bien?, p. 214. This section will prepare students for the proficiency test.

Answer Key for *¿Cuándo ocurrió?*

1. 8
2. 6
3. 1
4. 3
5. 4
6. 2
7. 7
8. 5

Answer Key for *¿Verdadero o falso?*

V	1.
F	2. El muchacho busca unos jeans **amarillos.**
V	3.
F	4. La señora **no** tiene jeans amarillos y baratos.
V	5.
V	6.
V	7.
V	8.
V	9.
F	10. La señora **no** tiene mucho pelo *o* **es calva.**

Answer Key for *Respuestas cortas*

1. la señora
2. alta y rubia (y después, calva)
3. unos jeans amarillos
4. amarillo
5. Answers will vary but may include: El muchacho la pone nerviosa; el muchacho no comprende lo que le dice a él; no es posible encontrar lo que quiere el muchacho; no hay jeans amarillos en la tienda.
6. azules
7. azules
8. la señora
9. dos millones de dólares
10. a Hawaii

Capítulo 7

¿Adónde vas a ir de vacaciones?

Includes content from PASO A PASO 1, *pp. 216–247, and* PASO A PASO B, *pp. 20–61.*

Prior to teaching the vocabulary, read the Cultural Overview (Book 1, p. 215B; Book B, p. 19B) to students. Then have students read and discuss Perspectiva cultural *(Book 1, pp. 230–231; Book B, pp. 30–31 and pp. 48–49).*

Minicuento 1

quiere	el país	Hace viento.
ir de vacaciones	cuando	un abrigo
sale	Hace frío.	regresar

Novel Command Suggestions

Sale por la puerta. Sale del país. Va de vacaciones a Puerto Rico. Hace viento. Hace mucho frío cuando llega a Puerto Rico. No tiene un abrigo. Hace frío. Quiere un abrigo. Busca un abrigo en el suelo. Busca un abrigo en la boca. ¿Lo encuentra? No lo encuentra. Regresa a _____ *(name of your state)* porque hay muchos abrigos en _____ *(name of local store)*.

Personalized Question Suggestions

¿Adónde quieres ir de vacaciones? ¿A Hawaii? ¿A Portugal? ¿Quieres ir a un país donde hace frío o donde hace calor? ¿Quieres ir a un país donde hace viento o donde hace sol? Cuando vas a Hawaii, ¿llevas un abrigo? ¿Cómo quieres salir de la casa para ir de vacaciones? ¿Quieres salir caminando o bailando? ¿Quieres ir en coche o ir en bicicleta? ¿Con quién quieres ir a Hawaii? ¿Con el (la) profesor(a)?

El abrigo caro

El muchacho quiere ir de vacaciones en julio. Tiene 2,000,400 dólares y sale para el país de Chile. Cuando llega, hace frío y hace viento. Compra un abrigo. Cuesta 2,000,000 de dólares. El muchacho tiene que regresar a su casa. ¡Qué triste!

Minicuento 2

para esquiar	los guantes
menos mal que	la maleta
la bufanda	el pasaporte

Novel Command Suggestions

Se pone la bufanda en la pierna. Va a Colorado a esquiar. *(Whoosh, whoosh.)* No tiene guantes. Tiene frío. *(Brrrrr.)* Esquía y abre la maleta. ¡Qué talentoso(a)! Se pone los guantes en las orejas.

Personalized Question Suggestions

¿Te gusta esquiar en julio? ¿Prefieres esquiar con guantes o sin guantes? ¿Dónde te pones los guantes? ¿En los pies? ¿Puedes dormir dentro de la maleta en el hotel? ¿Tienes un pasaporte? ¿Necesitas un pasaporte?

Se me olvidó algo . . .

Los gemelos de la Florida quieren ir de vacaciones a Chile para esquiar. Menos mal que tienen dos abrigos, dos bufandas, y cuatro guantes en una maleta, pero no tienen pasaportes. ¡Vaya! Van a Colorado a esquiar.

Prior to teaching the vocabulary, have students read and discuss ¡Piensa en la cultura! *(Book 1, pp. 218–219) or* ¡Piénsalo bien! *(Book B, pp. 22–23). Then read the Cultural Notes (Book 1, pp. 217, 218, 219, 229, 241, 243, 244, and 245; Book B, pp. 21, 22, 23, 29, 31, 45, 47, 49, 52, 53, 59, and 61) to students. Also have students watch* En vivo *video segment 1. Students should copy the mini-stories in their notebooks.*

Minicuento 3

quisiera	explorar la selva	descansa
hace calor	una cámara	saca fotos
tomar el sol	llueve	

Novel Command Suggestions

Toma el sol. Saca una foto del sol con una cámara. ¡Ahhhh! ¡Le duelen los ojos! Quisiera helado. Toma el helado. Explora la selva. Explora la selva con una cámara. Hace calor en la selva. Se quita el abrigo. Llueve. Llueve dinero. Llueve millones y millones de dólares. Recoge el dinero. Descansa y toma el sol. Saca fotos de los hombres guapos y de las mujeres bonitas. Le da las fotos a _____ *(name of rag magazine)*. Gana un centavo.

Personalized Question Suggestions

¿Adónde irías si quisieras tomar el sol? ¿A México o a Canadá? ¿Quisieras sacar fotos de personas famosas tomando el sol? ¿Qué haces cuando tomas el sol y empieza a llover? ¿Descansas debajo de la mesa?

Hay ventanas bonitas en México

Un muchacho quiere ir de vacaciones a México porque hace frío en Nueva York. Quisiera ir adonde hace calor para tomar el sol y explorar la selva. Pone su pasaporte y una cámara en una maleta y sale para México. Cuando llega, llueve y llueve y llueve. El muchacho descansa en un hotel y saca fotos mirando por la ventana. ¡Qué lástima!

Minicuento 4

Hace mal tiempo.	la lluvia
un impermeable	Hace buen tiempo.
un paraguas	bucear

Novel Command Suggestions
Bucea a la puerta. Bucea a otra persona. Bucea en un impermeable muy, muy grande. Bucea cuando hace mal tiempo. Bucea cuando hace calor. Bucea con un paraguas.

Personalized Question Suggestions
¿Usas un paraguas cuando llueve mucho? ¿Usas un paraguas cuando hace buen tiempo? ¿Cuándo lo usas? ¿Lo usas cuando buceas? ¿Llevas un impermeable cuando hay mucha lluvia? ¿Quién lleva un impermeable y usa un paraguas? ¿Quién no lleva un impermeable y no usa un paraguas? ¿Quién bucea? ¿Buceas cuando llueve? *(Personalized mini-situation idea: Student skin-dives when it is raining but wears a raincoat and carries an umbrella at the same time.)*

¡Tú eres ridículo!

Hace mal tiempo. Llueve mucho. Llevas un impermeable y usas un paraguas. La lluvia para. Hace buen tiempo. Hace calor. Un(a) muchacho(a) muy guapo(a) lo(la) mira porque llevas un impermeable y usas un paraguas cuando no llueve. ¡Qué ridículo! Le dices: "¡Voy a bucear!"

Minicuento 5

el mar	el bronceador	Cuando regresamos . . .
un traje de baño	(Nosotros) tomamos el sol.	a descansar . . .
anteojos de sol	Hace sol.	pienso

Novel Command Suggestions
Hace sol. No se pone el bronceador. Se pone un traje de baño y anteojos de sol. Descansa y toma el sol. Nada en el mar. Cuando regresa, tiene muchas arrugas grandes en la cara. Se pone el bronceador.

Personalized Question Suggestions
¿Qué crees? ¿Debemos usar el bronceador? ¿Quién usa el bronceador? ¿Qué haces cuando piensas tomar el sol, pero no hay sol? ¿Qué haces cuando piensas llevar el bronceador, pero no hay más? ¿Quién toma el sol? ¿Quién cree que nunca debemos tomar el sol? ¿Quién lleva un traje de baño en el invierno? ¿Quién lleva anteojos de sol cuando nada?

El cuerpo rojo del muchacho tonto

Voy al mar con mi amigo. Llevo un traje de baño y anteojos de sol. Mi amigo lleva un traje de baño, anteojos de sol y el bronceador. Creo que no necesito llevar el bronceador. Tomamos el sol por nueve horas. Hace sol. Cuando regresamos a casa a descansar, me siento mal porque todo mi cuerpo está rojo. Ahora siempre pienso llevar el bronceador cuando tomo el sol.

Minicuento 6

(tú) fuiste	(yo) fui	Nieva mucho en Madrid.
las vacaciones	¿Qué tiempo hace en España?	no . . . a ninguna parte
el verano pasado	Hace buen tiempo en Sevilla.	fuimos

Personalized Question Suggestions:
¿Adónde fuiste de vacaciones? ¿Quién fue a _____ *(name of a state)*? ¿Quién fue a la América Central? ¿Fuiste a Hawaii el verano pasado? ¿Fuiste a Perú el verano pasado? ¿Nieva mucho por aquí? ¿Qué tiempo hace por aquí? ¿Nieva mucho por aquí en el verano? ¿Te gusta esquiar por _____ *(name of big street in your town)* cuando nieva? ¿Quién no fue nunca a ninguna parte de California? ¿Quién esquía en California?

El mentiroso

Mi profesora me dice: "¿Adónde fuiste de vacaciones el verano pasado?" Le digo: "Fui a España." Mi profesora me dice: "¿Qué tiempo hace en España?" Le digo a mi profesora: "Hace buen tiempo en Sevilla y nieva mucho en Madrid." ¡Mi profesora me da puntos adicionales porque fui a España de vacaciones! ¡Qué suerte tengo! Pero mi hermana le dice a mi profesora: "No fuimos a ninguna parte de España, fuimos a Iowa." No recibo puntos adicionales.

Minicuento 7

las cataratas	la ciudad	la selva tropical	un recuerdo
las ruinas	la pirámide	las montañas	
lugares de interés	un lago	pueden	

Novel Command Suggestions
Se cae en las cataratas. Se cae sobre un paraguas. Se cae en un lago. Tira un paraguas a una pirámide muy grande. Salta de las montañas a una selva tropical. ¡Oh! Hace calor. Suda mucho. Sube las ruinas. Se cae de las ruinas. Busca lugares de interés. Encuentra un traje de baño. Es un lugar de interés porque es el traje de baño de _____ *(name of celebrity pet, that is, dog from a TV show)*. ¡Vaya! Busca las montañas. ¿Dónde están? ¡Aquí están! Sube las montañas.

Personalized Question Suggestions

Cuando vas de vacaciones, ¿buscas recuerdos? ¿Qué encuentras? ¿Encuentras el desodorante de algunas personas famosas? ¿Encuentras árboles de la selva tropical? *(Act out carrying home an entire tree.)* ¿Puedes llevarte recuerdos de las ruinas? ¡Por supuesto que no! ¿Puedes llevarte un lago como un recuerdo? ¿Una pirámide? ¿Quién quiere llevarse una pirámide como recuerdo de unas vacaciones en Chiapas, México? *(Personalized mini-situation idea: Student brings home a pyramid as a souvenir but has to return it because there isn't enough room for it in his or her house.)*

La aventura

Una muchacha que se llama _____ va de vacaciones a las Cataratas de Agua Azul en Chiapas y se cae en las cataratas. Mira las ruinas y otros lugares de interés desde el agua. La muchacha grita y grita porque cree que va a morir. La gente de la ciudad la mira de la pirámide y le tiran un paraguas. La muchacha se sienta en el paraguas hasta llegar a un lago grande. Camina por la selva tropical por dos días buscando la ciudad. Finalmente, se encuentra con _____ *(name of famous movie star).* _____ tiene un avión y los dos van a las montañas a esquiar. Cuando la muchacha regresa a _____ *(name of your school)* y les cuenta su aventura a sus amigas, no la pueden creer. Menos mal que la muchacha tiene un recuerdo, el autógrafo de _____ en el paraguas.

Prior to teaching Cuento principal, *have students watch* En vivo *video segment 2.*

Prior to beginning Comprensión de lectura, *have students read* ¡Vamos a leer! *(Book 1, pp. 242–243; Book B, pp. 58–59). Then have students apply the strategies that they have learned to the reading comprehension story. Also have students watch* En vivo *video segment 3.*

Cuento principal

~~~~~~

Las vacaciones terribles

La familia Ortega de Chicago quiere ir de vacaciones a Puerto Rico porque piensa nadar en el mar. Los padres y los dos hijos ponen trajes de baño, anteojos de sol y bronceador en una maleta y van a Puerto Rico.

La familia Martínez, también de Chicago, quiere ir de vacaciones a Chile porque piensa esquiar. Los padres y los dos hijos ponen abrigos, guantes, bufandas y botas en una maleta y van a Chile con sus pasaportes.

Cuando la familia Ortega llega a Puerto Rico, tiene una maleta con abrigos, guantes, bufandas y botas. Cuando la familia Martínez llega a Chile, tiene una maleta con trajes de baño, anteojos de sol y bronceador.

La familia Ortega dice: "¡Vaya!" Se ponen los abrigos y van al mar a nadar. Hace mucho calor. Es muy difícil nadar. Los Ortega deciden regresar a Chicago porque no tienen sus trajes de baño.

La familia Martínez se pone los trajes de baño y los anteojos de sol y va a esquiar. Hace mucho frío. Hace viento. Hace mal tiempo. Nieva mucho. La familia decide ir a una tienda de ropa a comprar abrigos y botas. Cuestan 4,700 dólares. Regresan a Chicago porque sólo tienen un peso para comprar algo para comer. Están muy, muy tristes.

~~~~~~

¿Cuándo ocurrió?

The statements below are out of order. Number them so that they are in the same order as the events in the story.

_____ 1. Los Ortega quieren ir a Puerto Rico.

_____ 2. Los Martínez esquían en trajes de baño.

_____ 3. Los Martínez ponen bufandas en una maleta.

_____ 4. Los Martínez van a una tienda a comprar más ropa.

_____ 5. Los Martínez quieren ir a Chile.

_____ 6. Los Ortega van a Puerto Rico.

_____ 7. Los Ortega nadan en abrigos.

_____ 8. Los Ortega necesitan trajes de baño.

Use these drawings to retell the main story.

Comprensión de lectura

¿Dónde está la nieve?

Una familia quiere ir a Chile a esquiar durante las vacaciones de la Navidad. El papá de la familia tiene 42 años y es cariñoso. La mamá de la familia tiene 43 años y es muy inteligente. Los dos niños de la familia, Pepita y Pepino, son altos y les encanta la nieve. La familia tiene una maleta muy, muy grande. Cada persona pone abrigos, guantes y botas en la maleta grande. La familia va a Chile porque cree que hay mucha nieve en las montañas de Chile.

Pero es diciembre. Cuando la familia llega a Chile no hay nieve. Busca nieve en las montañas. La busca en la selva. La busca en las ruinas. Pero no la encuentra. No puede encontrar nieve en ninguna parte de Chile.

La familia decide ir a los lugares de interés de Chile. Mira las catedrales y los museos. Mira las ruinas y los lagos. Come en restaurantes elegantes y compra ropa en tiendas de descuentos.

En febrero todavía no hay nieve. La familia bucea en el mar, explora la selva y pasea en bote.

La familia visita los lugares de interés en Chile por seis meses, y finalmente empieza a nevar. Nieva mucho. Pepita les dice a sus padres: "¡Fantástico!" Todos van a las montañas a esquiar. Después de esquiar una vez, la familia regresa a su casa.

I. ¿Verdadero (V) o falso (F)?

Write V if the statement is true and F if the statement is false. If the statement is false, correct it to make it true.

_____ 1. La familia va a Chile a esquiar.

_____ 2. La familia va en julio.

_____ 3. La familia esquía cada día en Chile.

_____ 4. La familia busca nieve en las ruinas.

_____ 5. La familia va a los lugares de interés.

_____ 6. La familia compra ropa en tiendas elegantes.

_____ 7. Nunca nieva en Chile.

_____ 8. La familia esquía en las montañas.

_____ 9. La familia vive en Chile por dos años.

_____ 10. La familia regresa a su casa.

II. Respuestas cortas

1. ¿Qué quiere hacer la familia? _____

2. ¿Quiénes van a Chile? _____

3. ¿Dónde están las botas? _____

4. ¿Adónde va la familia? _____

5. ¿Por qué no puede esquiar la familia? _____

6. ¿Cómo son los niños? _____

7. ¿Quién les dice a sus padres: "¡Fantástico!"? _____

8. ¿Qué hace la familia en el bote? _____

9. ¿Por qué no esquía más la familia? _____

10. ¿Adónde regresa la familia? _____

III. La ilustración

On your own paper, draw a six-frame cartoon to illustrate the story.

Writing and Speaking Activities

I. Oral Sight-Reading

You will have 60 seconds to study the pictures below. You will then have an additional 60 seconds to tell the story that goes with the pictures. You may want to talk about what Eva needs to buy and why, what she asks the salesperson and how the salesperson responds, and why Eva doesn't buy that item of clothing. When you have finished, your partner will have 60 seconds to study the pictures and tell the story to you. Concentrate on speaking as quickly as possible. Don't worry about saying everything exactly right, but just keep talking. Do <u>not</u> speak in English.

Writing and Speaking Activities

II. Presenting the Story
(Give directions orally, write them on the board, or put them on an overhead transparency.)

Have students form groups of two or three and choose at least ten vocabulary words from any chapter. Each group will illustrate a new story that it has created (one illustration per group). After the story has been drawn, each group will practice telling its story before presenting it to the whole class. Students may speak in English while planning the story, but there can be NO WORDS written on their pictures in any language. Students will take their pictures with them when they present them to the class and choose actors to act out their skits.

III. Class Invention

Create an invention story in class using the overhead and follow it with a quiz. The story should be about *Nosotros*. Make sure that students notice the verb endings. When using adjectives to describe the main characters, point out that boys will use the masculine ending and girls will use the feminine ending. You should subtly emphasize agreement and verb correctness as the story is being written. Students will simultaneously write the story in their notebooks. They will study the story for a short, open-story quiz the next day.

IV. Guide Words

Using the story from Chapter 1, *Minicuento 3,* write the guide words on an overhead transparency in the left-hand column. Point out that the story is in the *él / ella / Ud.* form of the present tense. Rewrite the story changing the *él / ella / Ud.* form of the verbs to the *nosotros* form. Explain that now WE walk, WE knock on the door, and so on. The class should copy the original list of guide words and the new list into their notebooks. When you have finished creating your list, students should rewrite this story in the new form for homework, adding five new, original sentences.

Minicuento 3

La muchacha que se llama _____ come cacahuates. Derrama todos los cacahuates en el estómago. Tiene un cacahuate en el ombligo. Camina a la oficina del médico. Tropieza y se cae. El cacahuate se cae del ombligo también. La muchacha busca el cacahuate y lo encuentra en el suelo. La muchacha come el cacahuate.

(La muchacha) se llama	(Nosotros) nos llamamos
come	comemos
Derrama	Derramamos
Tiene	Tenemos
Camina	Caminamos
Tropieza	Tropezamos
se cae	nos caemos
se cae	se cae
La muchacha busca	Nosotros buscamos
lo encuentra	lo encontramos
La muchacha come	Nosotros comemos

Explain to students why *se cae* changes to *nos caemos* the first time that it appears in the story but does not change the second time.

V. Escritura libre

(Give directions orally, write them on the board, or put them on an overhead transparency.)

On their own paper, have students write a story about themselves using at least five of the following words or phrases: *¿Qué tiempo hace?, el traje de baño, el abrigo, la cámara, sacar fotos, hace frío, las vacaciones.*

At the end of the chapter, do ¿Lo sabes bien?, p. 246. This section will prepare students for the proficiency test.

Answer Key for *¿Cuándo ocurrió?*

1. 1
2. 7
3. 4
4. 8
5. 3
6. 2
7. 5
8. 6

Answer Key for *¿Verdadero o falso?*

V	1.
F	2. La familia va en **diciembre.**
F	3. La familia **no** esquía cada día en Chile.
V	4.
V	5.
F	6. La familia compra ropa en tiendas **de descuentos.**
F	7. **Nieva** en Chile en el invierno.
V	8.
F	9. La familia vive en Chile por **seis meses.**
V	10.

Answer Key for *Respuestas cortas*

1. esquiar en Chile
2. el padre, la madre y dos niños, Pepita y Pepino
3. en la maleta
4. a Chile
5. No hay nieve.
6. altos
7. Pepita
8. Pasea en bote.
9. porque llega a Chile en el verano
10. a su casa

CAPÍTULO 8

¿Qué haces en tu casa?

Includes content from PASO A PASO 1, *pp. 248–281, and* PASO A PASO B, *pp. 62–103.*

Prior to teaching the vocabulary, read the Cultural Overview (Book 1, p. 247B; Book B, p. 61B) to students. Then have students read and discuss Perspectiva cultural *(Book 1, pp. 264–265; Book B, pp. 72–73 and pp. 88–89).*

Also read the Cultural Notes (Book 1, p. 265; Book B, pp. 73 and 89) to students. Use the names of students in your class instead of characters' names in the minicuentos.

Minicuento 1

pasa la aspiradora	el lavadero
los sillones	la estufa
lava la ropa	

Novel Command Suggestions
Pasa la aspiradora en el techo. Lava la ropa en la estufa. Agarra el sillón. Lava la ropa en el sillón. Lava la ropa en el lavadero. Come la ropa en el lavadero.

Personalized Question Suggestions
¿Quién pasa la aspiradora en tu casa? ¿Qué haces cuando no tienes ropa limpia? ¿Llevas la ropa al lavadero? ¿La lavas o la pones en la estufa? ¿Pones toda la ropa dentro del sillón?

La criada mala

Hay una criada muy mala. Pasa la aspiradora en los sillones en lugar de pasarla en el suelo. Lava la ropa en el refrigerador en lugar de lavarla en el lavadero. ¡Un día pone los patines de ruedas en la estufa! ¡Qué ridículo! Menos mal que la familia sólo le paga un peso cada mes.

Minicuento 2

está limpiando	el guardarropa	la cocina
limpiar el baño	la sala	el sótano
sucio	lavar los platos	

Novel Command Suggestions

Limpia la cocina sucia. Limpia el baño sucio. ¡Qué asco! Lava los platos en el guardarropa. Lava los platos en la sala. ¡Pone los platos en el sillón! ¡Se sienta en los platos! Tira los platos al sótano. Limpia el baño con un plato. Un pato está limpiando el baño. ¡Cua, cua!

Personalized Question Suggestions

¿Qué tienes en el guardarropa? ¿Qué tienes en el sótano? ¿Quién lava los platos en tu casa? ¿Te gusta más limpiar el baño o la cocina? ¿Prefieres ir a mi casa a limpiar mi baño sucio o mi cocina sucia?

El guardarropa

La familia está limpiando la casa porque es sábado. La madre no quiere limpiar el baño porque está muy sucio. Se esconde en el guardarropa de la sala. La hija no quiere lavar los platos porque hay 223 platos. Se esconde en el guardarropa de la sala. El pobre papá no quiere limpiar toda la cocina solo. Se esconde en el guardarropa de la sala. El hijo no quiere limpiar el sótano porque tiene miedo a las arañas. ¡Qué casualidad!

Minicuento 3

cerca de	lejos de	antiguo
su casa	tiene que	
cortar céspedes	moderno	

Personalized Question Suggestions

¿Qué prefieres usar para cortar el césped, una aspiradora moderna o un cortacéspedes antiguo? ¿Prefieres cortar céspedes cerca de tu casa o lejos de tu casa? ¿Tienes que cortar el césped del (de la) profesor(a) para tu tarea?

La muchacha fuerte, inteligente y rica

Hay una muchacha que se llama _____. Es muy inteligente y simpática. También es muy fuerte y practica muchos deportes. Necesita dinero porque quiere ir a la universidad. Decide ir a las casas de las familias que viven cerca de su casa para cortar céspedes. Los fines de semana va a las casas de las familias que viven muy lejos para cortar céspedes. ¡Corta 2,000 céspedes! Pronto, gana un millón de dólares para pagar por la universidad. También tiene que comprar un cortacéspedes moderno porque el suyo es bastante antiguo.

Have students read and discuss ¡Piensa en la cultura! *(Book 1, pp. 250–251) or* ¡Piénsalo bien! *(Book B, pp. 64–65). Then read the Cultural Notes (Book 1, pp. 249, 251, 261, 273, 275, and 279; Book B, pp. 64, 65, 71, 77, 79, 87, 93, 95, 97, and 103) to students. Also have students watch* En vivo *video segment 1.*

Minicuento 4

pisos	sacudir los cuadros	tienen que	prefieren
el quehacer	las lámparas	están de acuerdo	
arregla los dormitorios	limpia	Ud. no tiene razón.	

Novel Command Suggestions

Sacude los cuadros con una hamburguesa. Arregla los dormitorios con una lámpara. Limpia el piso con la lengua.

Personalized Question Suggestions

¿Qué quehacer prefieres? ¿Estamos de acuerdo de que no nos gusta limpiar el baño? ¿Tengo razón de que es malo limpiar el baño? ¿Tienes que sacudir los muebles en tu casa?

La criada lista y los padres muy listos

Una criada muy perezosa trabaja en una casa de ocho pisos. Un día les dice a los dos hijos de la familia que va a pagarles un peso por cada quehacer. Un hijo arregla los dormitorios. Un hijo tiene que sacudir los cuadros y las lámparas. Muy pronto la criada les dice a los padres: "Su casa está bastante limpia, ¿no? Uds. tienen que pagarme cien dólares, por favor." Los padres están de acuerdo de que la casa está limpia pero le dicen: "Ud. no tiene razón. No tenemos que pagarle cien dólares a Ud." Los padres prefieren pagarles a sus hijos por el trabajo. La pobre criada no tiene ningún trabajo.

Minicuento 5

el garaje	cuarto	las cosas	sillones de cuero
cuadrado	carteles	cómodo	nuestra
la sala de estar	de madera	el coche	incómoda

Novel Command Suggestions

Se sienta en un sillón de madera. ¡Ay! Dibuja un cartel cuadrado en el aire. Maneja el coche en el garaje.

Personalized Question Suggestions

¿Prefieres los sillones de cuero cómodos o los sillones de madera incómodos? ¿Qué cosas tienes en tu garaje? ¿Prefieres limpiar tu dormitorio o la sala de estar?

La familia que vive cómodamente en el garaje

Hay una familia que prefiere vivir en su garaje cuadrado. No le gusta estar en la sala de estar ni estar en ningún cuarto de su casa grande. Hay carteles en las paredes de madera y tiene todas las cosas que necesita. Es muy cómodo. Duerme en el coche por la noche. Se sienta en sillones de cuero todo el día. Cuando la familia tiene que entrar en la casa dice: "Nuestra casa es muy incómoda." ¡Qué diferente!

Minicuento 6

sacar la basura	quitar la mesa	los muebles	las cómodas
hacer las camas	el comedor	la videocasetera	el equipo de
poner la mesa	está sacudiendo	las camas	sonido
			los espejos

Novel Command Suggestions

Saca la basura. Saca la videocasetera con la basura. Saca los muebles con la basura. Pone la mesa. Quita la mesa. Pone los platos en la basura. Hace las camas en el comedor. Sacude las camas.

Personalized Question Suggestions

¿Tienes un espejo en tu cómoda? ¿Te miras en el espejo cada día? ¿Usas el equipo de sonido? ¿Lo usas para sacudir?

La criada loca

Cada día una criada que se llama _____ tiene que sacar la basura, hacer las camas y poner y quitar la mesa en el comedor en una casa de doce pisos. Es una casa muy sucia. Un día la criada está sacudiendo los muebles y ¡ve que hay un sandwich de jamón y queso en la videocasetera! Ella se pone tan enojada que empieza a tirar las camas, las cómodas, el equipo de sonido y los espejos por la ventana del primer piso. La criada está contenta porque ahora tiene que limpiar menos.

Prior to teaching Cuento principal, *have students watch* En vivo *video segment 2.*

Prior to beginning Comprensión de lectura, *have students read* ¡Vamos a leer! *(Book 1, pp. 276–277; Book B, pp. 100–101). Then have students apply the strategies that they have learned to the reading comprehension story. Also have students watch* En vivo *video segment 3.*

Cuento principal

Bellasucia

Hay una muchacha que se llama Bellasucia. Es la criada de una familia antipática. Hace todos los quehaceres cada día. Saca la basura, pone y quita la mesa cuadrada, y sacude los sillones. Nunca puede sentarse en las sillas cómodas. Bellasucia tiene una voz muy clara y siempre canta mientras trabaja.

Cada día, la madre de la familia y sus dos hijas van a la sala a ver su programa de televisión favorito, *Los días trágicos de los jóvenes de Puerto Bonito.* Las hijas lloran y lloran durante el programa porque están enamoradas de Guapísimo, el actor principal. Las hijas son muy antipáticas. Siempre le dicen a Bellasucia: "Limpia el baño, Bellasucia," y "Haz las camas, Bellasucia." Pero cuando las hijas ven *Los días trágicos,* no hablan con Bellasucia.

Cada día Bellasucia limpia el baño y hace las camas de toda la familia. A las tres de la tarde, ella se esconde en el guardarropa para ver el programa. Está muy incómoda y no puede oír bien porque las hijas siempre lloran.

Un día Bellasucia decide escaparse y va a la casa de Guapísimo en Puerto Bonito a cantarle una serenata. El próximo día Bellasucia tiene un nuevo trabajo. ¡Es la nueva actriz en *Los días trágicos!* Las hermanastras y la madrastra ven a Bellasucia en la televisión. Bellasucia está besando a Guapísimo y cantando en un concierto en Puerto Bonito. Las hijas antipáticas lloran y lloran y dicen: "¡Ahora tenemos que limpiar nuestro baño!"

¿Cuándo ocurrió?

The statements below are out of order. Number them so that they are in the same order as the events in the story.

_____ 1. Bellasucia va a Puerto Bonito.

_____ 2. Bellasucia besa a Guapísimo.

_____ 3. Las hijas dicen: "¡Ahora tenemos que limpiar nuestro baño!"

_____ 4. Bellasucia limpia el baño.

_____ 5. Bellasucia se esconde en el guardarropa.

_____ 6. Bellasucia canta mientras trabaja.

Use these drawings to retell the main story.

Comprensión de lectura

La aventura de Nicolás

Un día los padres de Nicolás regresan a la casa después de unas vacaciones cortas en Bolivia. Cuando entran en la casa, ven que todos los muebles antiguos están rotos y que los coches estuvieron en un accidente grave. El equipo de sonido está completamente destruido.

Los padres están muy enojados y le piden una explicación a Nicolás. "¿Tuviste una fiesta aquí, Nicolás?" le preguntan los padres. Nicolás les responde: "No tuve una fiesta. ¡Una cosa extraordinaria ocurrió! Seis elefantes grandes se escaparon del zoológico. Corrieron por toda la ciudad. Entraron por la puerta abierta y rompieron todos los muebles de madera y de cuero. La policía vino y trató de ayudar, pero los elefantes corrieron al garaje y se sentaron en los coches. Finalmente salieron por la cocina y regresaron al zoológico."

Los padres están muy, muy enojados porque creen que Nicolás no les está diciendo la verdad. Le gritan a Nicolás: "Vete al sótano por tres días." Los padres están muy tristes porque creen que Nicolás tuvo una fiesta mientras estaban en Bolivia. Se sientan en el suelo porque no hay muebles y recogen el periódico. De repente se levantan y corren muy rápidamente al sótano para hablar con Nicolás. El periódico dice: "SEIS ELEFANTES SE ESCAPAN DEL ZOOLÓGICO: CASA DESTRUIDA."

I. ¿Verdadero (V) o falso (F)?

Write V if the statement is true and F if the statement is false. If the statement is false, correct it to make it true.

_____ 1. Nicolás fue a Bolivia.

_____ 2. Nicolás tuvo una fiesta en la casa.

_____ 3. Los padres están enojados.

_____ 4. Nicolás no les dice la verdad.

_____ 5. Seis elefantes entraron en la casa.

_____ 6. Los elefantes se sentaron en los coches.

_____ 7. Los elefantes regresaron al zoológico.

_____ 8. Nicolás tiene que ir al sótano por tres semanas.

_____ 9. Los padres leen una revista.

_____ 10. Los padres corren al sótano porque hay diez elefantes en la casa.

II. Respuestas cortas

1. ¿Quiénes fueron a Bolivia? _____

2. ¿Qué ocurrió en la casa de Nicolás? _____

3. ¿Por qué están enojados los padres? _____

4. ¿Qué cosas en la casa están rotas? _____

5. ¿Qué creen los padres? _____

6. ¿Qué dice Nicolás? _____

7. ¿Qué le dicen los padres a Nicolás? _____

8. ¿Quiénes leen el periódico? _____

9. ¿Adónde van los padres? ¿Por qué? _____

10. ¿Qué dice el periódico? _____

III. La ilustración

On your own paper, draw a six-frame cartoon to illustrate the story.

Writing and Speaking Activities

I. Oral Sight-Reading

You will have 60 seconds to study the pictures below. You will then have an
additional 60 seconds to talk about the boy's messy room. You may want to
talk about the chores he should do and what appliances he will use to do them.
At the end of 60 seconds, your partner will have 60 seconds to do the same.
Concentrate on speaking as quickly as possible and avoiding breaks, pauses,
and stumbles. Don't worry about saying everything exactly right, but just
keep talking. Do <u>not</u> speak in English.

Writing and Speaking Activities

II. Presenting the Story

(Give directions orally, write them on the board, or put them on an overhead transparency.)

Have students form groups of two or three and choose at least ten vocabulary words from any chapter. Each group will illustrate a new story that it has created (one illustration per group). After the story has been drawn, each group will practice telling the story before presenting it to the whole class. Students may speak in English while planning the story, but there can be NO WORDS written on their pictures in any language. Students will take their pictures with them when they present them to the class and choose actors to act out their skits.

III. Class Invention

Create an invention story using the overhead or chalkboard. Students will contribute ideas for the story as it is being written. You should subtly emphasize agreement and verb correctness as the story is being written. Students will simultaneously write the story in their notebooks. They will study the story for a short, open-story quiz the next day. In this invention, ask students to incorporate the following vocabulary words into the story: *preferimos, tenemos que, tenemos razón.*

The next day, have students take out their copies of the story and number their papers from one through ten. Ask students ten simple questions about the story. Use true / false, yes / no, or one-word answers. Quizzes can be graded very quickly in class so that students receive immediate feedback. This exercise can be done in each chapter just prior to the freewriting exercise so that students are reminded to focus on one or two features of the language.

IV. Guide Words

It is important that you do not introduce a new grammar point to students at the same time that you introduce a new story. In this chapter, we will change a story from the *yo* form to the *nosotros* form in the present tense. As you are retelling the story, have the class help you to think of the appropriate changes. The class should be writing these two lists in their notebooks. Write the changes in the right-hand column. Use *Minicuento 5,* Chapter 7.

El cuerpo rojo del muchacho tonto

Voy al mar con mi amigo. Llevo un traje de baño y anteojos de sol. Mi amigo lleva un traje de baño, anteojos de sol y el bronceador. Creo que no necesito llevar el bronceador. Tomamos el sol por nueve horas. Hace sol. Cuando regresamos a casa a descansar, me siento mal porque todo mi cuerpo está rojo. Ahora siempre pienso llevar el bronceador cuando tomo el sol.

Voy	Mi amigo y yo vamos
mi	nuestro
Llevo	Llevamos
Mi amigo lleva	Nuestro amigo lleva
Creo	Creemos
necesito	necesitamos
Tomamos	Tomamos
Hace sol.	Hace sol.
regresamos	regresamos
me siento mal	nos sentimos mal
mi cuerpo	nuestro cuerpo
está rojo	está rojo
pienso	pensamos
tomo	tomamos

Explain to students why *tomamos, hace, regresamos,* and *está* do not change. When you have finished creating your list, have students rewrite this story in the new form for homework.

V. Escritura libre
(Give directions orally, write them on the board, or put them on an overhead transparency.)

On their own paper, have students write a story about *nosotros* using at least five of the following phrases: *limpiamos la cocina, sacamos la basura, pasamos la aspiradora, hacemos la cama, sacudimos los muebles, cortamos el césped, vivimos en . . .*

At the end of the chapter, do ¿Lo sabes bien?, p. 280. This section will prepare students for the proficiency test.

Answer Key for *¿Cuándo ocurrió?*
1. 4
2. 5
3. 6
4. 2
5. 3
6. 1

Answer Key for *¿Verdadero o falso?*
F	1. **Los padres de Nicolás fueron** a Bolivia.
F	2. Nicolás **no** tuvo una fiesta en la casa.
V	3.
F	4. Nicolás les dice la verdad.
V	5.
V	6.
V	7.
F	8. Nicolás tiene que ir al sótano por tres **días.**
F	9. Los padres leen **un periódico.**
F	10. Los padres corren al sótano porque **quieren hablar con Nicolás.**

Answer Key for *Respuestas cortas*
1. los padres de Nicolás
2. Casi toda la casa fue destruida.
3. La casa es un desastre. Los muebles están rotos. Los coches estuvieron en un accidente. El equipo de sonido está completamente destruido.
4. los muebles antiguos, los coches y el equipo de sonido
5. que Nicolás tuvo una fiesta grande
6. que seis elefantes grandes entraron en la casa, destruyeron la casa y se escaparon y que la policía no pudo ayudar
7. que tiene que ir al sótano por tres días
8. los padres de Nicolás
9. al sótano; porque quieren hablar con Nicolás
10. que una casa fue destruida cuando seis elefantes se escaparon del zoológico

CAPÍTULO 9

¿Cómo te sientes?

Includes content from PASO A PASO 1, *pp. 282–311, and* PASO A PASO B, *pp. 104–143.*

Prior to teaching the vocabulary, read the Cultural Overview (Book 1, p. 281B; Book B, p. 103B) to students. Then have students read and discuss Perspectiva cultural *(Book 1, pp. 296–297; Book B, pp. 114–115 and pp. 130–131).*

Minicuento 1

tiene dolor de cabeza	se siente mejor
le duele la cabeza	no le duele nada
el (la) médico(a)	

Personalized Question Suggestions
¿Te duele la cabeza? ¿Te sientes mejor cuando comes muchos plátanos? Cuando tienes dolor de cabeza, ¿vas al (a la) médico(a)? ¿Vas al (a la) médico(a) cuando no te duele nada?

Pelo nuevo

_____ tiene dolor de cabeza. Siempre le duele la cabeza porque no tiene pelo. El médico le dice que necesita pelo nuevo. El médico no puede encontrar pelo humano. Usa la piel de un mono. Después, _____ se siente mejor y no le duele nada, pero le gustan los plátanos.

Minicuento 2

tiene sueño	la clínica
ahora	¿Qué te duele?
Se siente horrible.	

Personalized Question Suggestions
¿Qué haces cuando te sientes horrible? ¿Vas al (a la) médico(a)? ¿Vas a la clínica? ¿Qué te duele ahora? ¿No te duele nada? ¿Hay alguien que tenga dolor de cabeza? ¿Por qué? ¿Un balón de básquetbol te golpeó en la cabeza? ¿Tienes sueño cuando estás en el suelo con pájaros volando en círculos sobre tu cabeza?

El estómago grandísimo

Hay un muchacho que se llama _____. A él le gusta jugar básquetbol. Un día _____ tiene sueño y hace algo extraño. _____ se come un balón de básquetbol. Ahora tiene un problema grande. Se siente horrible. Va a la clínica y el médico le dice: "¿Qué te duele?" _____ le dice que tiene un balón de básquetbol en el estómago y que el estómago le duele. El médico le dice: "¡No me digas!" El médico le mira la garganta. Le saca el balón de básquetbol por la boca. El muchacho sonríe. Ahora no le duele nada y le paga un peso al médico.

Minicuento 3

Se siente mal.   hacer ejercicios
llama   Se siente peor.
tiene dolor de estómago

Personalized Question Suggestions

¿Quién hace ejercicios? ¿Tienes dolor de estómago cuando haces ejercicios? ¿Te sientes mejor cuando haces ejercicios cada día o cuando no haces ejercicios cada día? ¿Te sientes mal cuando no haces ejercicios? ¿Con quién haces ejercicios, con _____ *(name of movie star)*? ¿Te sientes mejor cuando haces ejercicios con _____ *(name of movie star)*? ¿Llamas a _____ *(name of movie star)* cada día antes de hacer ejercicios? ¿Tienes dolor de estómago cuando ves a _____ *(name of movie star)* porque estás nervioso(a)?

La muchacha que hace ejercicios

Una muchacha que se llama _____ va a una fiesta con Cacahuate y Cachetón. _____ come tacos, hamburguesas y mucho queso. No come ni verduras ni frutas. Se siente mal. Su mamá llama al médico por teléfono y le dice que _____ tiene dolor de estómago porque comió tacos, hamburguesas y mucho queso. El médico le dice que _____ debe hacer ejercicios cada día para mejorar la salud y que debe comer más verduras y frutas. _____ corre por todas partes, salta en la cama 500 veces, da una vuelta 1,000 veces cada día y come muchas frutas y verduras . . . ¡a la vez! Se siente peor. Pero muy pronto tiene un cuerpo muy, muy fuerte y nunca más le duele el estómago.

Minicuento 4

el (la) dentista   Me siento mal.
Tengo dolor de . . .   Me duele . . .
(A mí) me duele . . .   ya no

Novel Command Suggestions

Le duele la cabeza. Le duele el estómago. Tiene dolor de dedo. Se siente mal. La dentista le saca una muela. Le duele la boca. Grita: "¡Ay!"

¿Cómo te sientes? ¿Te sientes mal? ¿Te duele el ombligo? ¿Te duele la nariz? ¿Te duele algún dedo del pie? ¿Ya no? ¿Puedo pararme en tu dedo del pie?

La madre inteligente

Una muchacha que se llama _____ va a la dentista y le dice: "Tengo dolor de ombligo." La dentista le saca una muela. No se siente mejor, sino peor. Después va al hospital y le dice a la médica: "Me duele el ombligo." La médica le dice: "Debes tomar mucho jugo de naranja." _____ habla con su mamá y le dice: "Me siento mal. Me duele el ombligo, Mami." Su mamá mira en el ombligo de _____ y le dice: "Tienes mucho chicle en el ombligo, mi hijita. Debes sacártelo." _____ se saca el chicle del ombligo y ahora ya no le duele el ombligo.

Have students read and discuss ¡Piensa en la cultura! *(Book 1, pp. 284–285) or* ¡Piénsalo bien! *(Book B, pp. 106–107). Then read the Cultural Notes (Book 1, pp. 283, 285, 297, and 309; Book B, pp. 105, 106, 107, 113, 115, 119, and 121) to students. Also have students watch* En vivo *video segment 1.*

Minicuento 5

> la enfermería
> ¿Cómo te sientes?
> debes quedarte en la cama
>
> se queda en la cama
> duerme

Personalized Question Suggestions

¿Qué haces cuando te sientes mal? ¿Vas a la enfermería o duermes? ¿Te quedas en la cama todo el día viendo la televisión cuando te sientes mal? ¿Debes quedarte en la cama todo el día cuando te duele el dedo?

El ombligo caro

Una muchacha que se llama _____ tiene un problema. No tiene ombligo. Va a la enfermería. La médica le dice: "¿Cómo te sientes?" _____ le dice que se siente triste porque no tiene ombligo como todos los demás. La médica le dice que un ombligo nuevo cuesta 2,000 dólares. _____ tiene un peso. ¡Pobrecita! Va a la casa de una artista y le explica el problema. La artista le dice: "Puedo ayudarte por un peso, pero debes quedarte en la cama por una semana." _____ entra en la casa y la artista dibuja un ombligo en una hoja de papel. Se lo da a _____ con un poco de cinta adhesiva. _____ se pone el ombligo en el estómago. Ella está contenta y le da el peso a la artista. Después de la "operación," se queda en la cama y duerme todo el día.

Minicuento 6

> tiene dolor de sobaco
> ¿Qué pasa?
> No tienes fiebre.
>
> tengo frío
> ¿Tengo gripe?
> ¿Cuánto (tiempo) hace que . . . ?
>
> Hace . . . que . . .
> Desde que me golpeó

¿Tienes frío? ¿Cuánto tiempo hace que tienes gripe? ¿Hace dos años que tienes gripe?
¿Tuviste gripe hace dos días? ¿Tienes gripe ahora? ¿Tienes fiebre?

El sobaco que le duele

Un muchacho que se llama _____ tiene dolor de sobaco. El médico le pregunta: "¿Qué
pasa?" y le toma la temperatura. "No tienes fiebre," le responde el médico. "¡Pero tengo frío!
¿Tengo gripe?" le pregunta _____. "Creo que no. ¿Cuánto tiempo hace que te duele?" le
pregunta el médico. "Hace diez minutos que me duele," le dice _____. "Desde que me
golpeó un balón de básquetbol en el sobaco." "Siento mucho que te duela el sobaco," le dice
el médico. "No debes jugar básquetbol jamás."

Prior to teaching Cuento principal, *have students watch* En vivo *video segment 2.*

Prior to beginning Comprensión de lectura, *have students read* ¡Vamos a leer! *(Book
1, pp. 306–307; Book B, pp. 140–141). Then have students apply the strategies that they
have learned to the reading comprehension story. Also have students watch* En vivo
video segment 3.

Cuento principal

El padre inteligente

Cacahuate es un muchacho muy inteligente, pero a él no le gusta ni estudiar ni ir a la escuela. Un día decide que no quiere ir a la escuela. Cuando no se levanta, su papá le pregunta: "¿Qué pasa? ¿Estás enfermo?"

Cacahuate miente a su papá diciéndole que tiene gripe.

"¿Qué te duele, Cacahuate?" le pregunta su papá.

"Me duele el estómago. ¡Me siento mal! ¡Ay!"

"¿Te duele el estómago? Debemos ir a la clínica."

Cacahuate le dice a su papá que no necesita ir a la clínica, sino que debe quedarse en la cama a dormir.

El papá sospecha mucho de Cacahuate. Llama a la médica y le dice en voz muy alta y dramática: "MI HIJO ESTÁ MUY ENFERMO. ¿QUÉ DEBO HACER?" Cuando el papá está hablando con la médica, Cacahuate está escuchando.

El papá escucha por un momento y después corre a ver a Cacahuate. Le toca la cabeza. Regresa al téléfono y le dice que no tiene fiebre.

El papá escucha más. Después corre a ver a Cacahuate y le examina las orejas. Regresa al teléfono y le dice: "¡Sí!"

El papá escucha más a la médica. Después corre a ver a Cacahuate y le huele el sobaco. Regresa al teléfono y le dice: "Ya no."

El papá le dice a la médica en voz muy alta: "NOSOTROS VAMOS AL HOSPITAL INMEDIATAMENTE. ¡QUÉ LÁSTIMA QUE TENGA QUE SACARLE LAS MUELAS A MI HIJO!"

Mientras el papá regresa al dormitorio de su hijo, Cacahuate está vistiéndose rápidamente para ir a la escuela. "¿Qué pasa, Cacahuate?" le pregunta su papá.

"Ahora no me duele nada, Papá!"

El papá está muy contento porque todavía tienen tiempo para comer el desayuno.

¿Cuándo ocurrió?

The statements below are out of order. Number them so that they are in the same order as the events in the story.

_____ 1. El papá le huele el sobaco a Cacahuate.

_____ 2. El papá le toca la cabeza a Cacahuate.

_____ 3. El papá le examina las orejas a Cacahuate.

_____ 4. El papá le dice a la médica: "Ya no."

_____ 5. Cacahuate está vistiéndose.

_____ 6. El papá está contento.

_____ 7. Cacahuate le dice a su papá que se siente mal.

_____ 8. El papá llama a la médica.

Use these drawings to retell the main story.

Comprensión de lectura

¿Estás enfermo, Cacahuate?

El lunes, el profesor de matemáticas llama por teléfono a la mamá de Cacahuate y le dice que Cacahuate tiene una mala nota en la clase de matemáticas. Le dice que es muy importante que Cacahuate tome el examen de matemáticas el día siguiente. La mamá le responde que Cacahuate sí va a estar en la escuela mañana para tomar el examen.

El martes por la mañana, Cacahuate le dice a su mamá que no quiere ir a la escuela. "¿Tienes un resfriado, Cacahuate?" Pero Cacahuate no tiene ni fiebre ni gripe. Quiere dormir y quedarse en la cama todo el día.

La mamá le dice a Cacahuate que está bien si no va a la escuela, pero que tiene que quedarse en casa con ella. La mamá también le dice que él tiene que ayudarla en casa con los quehaceres. A Cacahuate no le gusta ayudar en casa, pero no quiere tomar el examen de matemáticas.

Cacahuate limpia el suelo en la cocina mientras la mamá lava la ropa. Cacahuate hace las camas mientras la mamá pasa la aspiradora. Cacahuate sacude los muebles mientras la mamá saca la basura. Cacahuate lava los platos mientras la mamá prepara la cena. Cacahuate tiene sueño. Se siente horrible.

"¿Qué pasa, Cacahuate?" le pregunta su mamá.

Él le responde: "Tengo calor."

"Lo siento," le responde su mamá. Ella le pregunta: "¿Prefieres cortar el césped o limpiar los baños?"

Después de cortar el césped, Cacahuate le dice: "Creo que debo ir a la escuela." La mamá le dice: "¡Qué lástima! Tengo que limpiar la casa sola, ¿no?"

Cacahuate va a la escuela y se siente mejor porque no tiene que limpiar la casa. La mamá se queda en casa todo el día leyendo una novela porque la casa está limpia.

I. ¿Verdadero (V) o falso (F)?

Write V if the statement is true and F if the statement is false. If the statement is false, correct it to make it true.

_____ 1. El profesor de ciencias llama a la mamá de Cacahuate.

_____ 2. Cacahuate tiene un examen de música.

_____ 3. La mamá le dice a Cacahuate que puede dormir todo el día.

_____ 4. La mamá le dice a Cacahuate que tiene que ayudarla en casa.

_____ 5. Cacahuate decide limpiar los baños.

_____ 6. El papá de Cacahuate corta el césped.

_____ 7. Cacahuate tiene calor y se siente mal.

_____ 8. Cacahuate prefiere ir a la escuela.

_____ 9. La mamá de Cacahuate ve la televisión porque la casa está limpia.

_____ 10. La mamá de Cacahuate es muy inteligente.

II. Respuestas cortas

1. ¿Cómo está Cacahuate? _____

2. ¿Qué quiere hacer Cacahuate? _____

3. ¿Por qué no quiere ir a la escuela Cacahuate? _____

4. ¿Quién prepara la cena? _____

5. ¿Quién corta el césped? _____

6. ¿Quién saca la basura? _____

7. ¿Quién sacude los muebles? _____

8. ¿Por qué tiene calor Cacahuate? _____

9. ¿Por qué decide ir a la escuela? _____

10. ¿Qué hace la madre el resto del día? _____

III. La ilustración

On your own paper, draw a six-frame cartoon to illustrate the story.

Writing and Speaking Activities

I. Oral Sight-Reading

You will have 60 seconds to study the pictures below. You will then have an additional 60 seconds to tell the story that goes with the pictures. You may want to describe what's wrong with Conchita and what she can't do as a result, whom she calls, and how you think she feels after going to see him. At the end of 60 seconds, your partner will have 60 seconds to do the same. Concentrate on speaking as quickly as possible and avoiding breaks, pauses, and stumbles. Don't worry about saying everything exactly right, but just keep talking. Do not speak in English.

Writing and Speaking Activities

II. Presenting the Story
(Give directions orally, write them on the board, or put them on an overhead transparency.)

Have students form groups of two or three and choose at least ten vocabulary words from any chapter. Each group will illustrate a new story that it has created (one illustration per group). After the story has been drawn, each group will practice telling its story before presenting it to the whole class. Students may speak in English while planning the story, but there can be NO WORDS written on their pictures in any language. Students will take their pictures with them when they present them to the class and choose actors to act out their skits.

III. Class Invention
Create an invention story in class using the overhead or chalkboard. Use the *él / ella / Ud.* form of the verbs in the story. Students will contribute ideas for the story as it is being written. You should subtly emphasize agreement and verb correctness as the story is being written and, without drawing a lot of attention to it, use the verb *fue*. Additional verbs should, of course, be used in the preterite. You should be sure that students know what the words mean, but avoid lengthy explanations or verb charts. Students will simultaneously write the story in their notebooks. They will study the story for a short, open-story quiz the next day.

IV. Guide Words
It is important that you do not introduce a new grammar point to students at the same time that you introduce new story. Using *Minicuento 8* from Chapter 6, rewrite the story, changing the verbs to the *yo* form. Emphasize indirect object pronouns. Write the guide words on an overhead transparency in the left-hand column. As you are writing the guide words, tell the story in its entirety. Then tell the class that each of them is the main character. As you are retelling the story, have the class help you to think of the appropriate changes. The class should be writing these two lists in their notebooks. Write the changes in the right-hand column.

Calcetines caros

Buscas unos calcetines. Eres tacaño(a). La señora en la zapatería te pregunta: "¿Cómo le quedan esos calcetines?" Le respondes: "Estos calcetines me quedan bien, pero no me gustan los calcetines verdes." Buscas otros. "¿Qué desea Ud.?" te pregunta la señora. Le preguntas: "¿Cuánto cuestan estos calcetines blancos?" "Un peso" te dice. Sales de la zapatería porque esos calcetines son muy caros.

Buscas	Busco
Eres tacaño(a).	Soy tacaño(a).
te pregunta	me pregunta
le quedan	le quedan (*or* me quedan *without quotes*)
Le respondes	Le respondo
me quedan bien	me quedan bien (*quote*)
no me gustan	no me gustan (*quote*)
Buscas	(Yo) busco
¿Qué desea Ud.?	desea (*or* deseo *without quotes*)
te pregunta	me pregunta
Le preguntas	Le pregunto

cuestan	cuestan *(quote)*
te dice	me dice
Sales	Salgo
son	son

Explain that *le quedan, me quedan, no me gustan, desea,* and *cuestan* do not change because they are direct quotes. When you have finished creating your list, have students rewrite this story in the new form for homework.

V. Escritura libre

(Give directions orally, write them on the board, or put them on an overhead transparency.)

On their own paper, have students write a story about how they and their brother and sister *(nosotros)* clean the house. Tell them that they must have the entire house cleaned before their parents get home or they will not receive their allowance. Have students use at least five of the following words or phrases: *limpiamos, lavamos, sacudimos, sacamos la basura, llegan, pasamos la aspiradora, nos dan ciento ochenta dólares.*

Encourage students to try to write a story that is so unique that no one else will have written the same story.

At the end of the chapter, do ¿Lo sabes bien?, p. 310. This section will prepare students for the proficiency test.

Answer Key for *¿Cuándo ocurrió?*
1. 5	3. 4	5. 7	7. 1
2. 3	4. 6	6. 8	8. 2

Answer Key for *¿Verdadero o falso?*
F	1. El profesor de **matemáticas** llama a la mamá de Cacahuate.
F	2. Cacahuate tiene un examen de **matemáticas.**
F	3. La mamá le dice a Cacahuate que **no** puede dormir todo el día.
V	4.
F	5. Cacahuate decide **cortar el césped.**
F	6. **Cacahuate** corta el césped.
V	7.
V	8.
F	9. La mamá de Cacahuate **lee una novela** porque la casa está limpia.
V	10.

Answer Key for *Respuestas cortas*
1. Está bien, pero no quiere tomar el examen de matemáticas.
2. Quiere dormir todo el día.
3. Tiene un examen de matemáticas.
4. la mamá de Cacahuate
5. Cacahuate
6. la mamá de Cacahuate
7. Cacahuate
8. porque no quiere hacer más quehaceres
9. Prefiere tomar el examen en lugar de limpiar la casa.
10. Lee una novela.

CAPÍTULO 10

¿Qué hiciste ayer?

Includes content from PASO A PASO 1, *pp. 312–345, and* PASO A PASO B, *pp. 144–187.*

Prior to teaching the vocabulary, read the Cultural Overview (Book 1, p. 311B; Book B, p. 143B) to students. Then have students read and discuss Perspectiva cultural *(Book 1, pp. 328–329; Book B, pp. 154–155 and pp. 172–173).*

Have students read and discuss ¡Piensa en la cultura! *(Book 1, pp. 314–315) or* ¡Piénsalo bien! *(Book B, pp. 146–147). Then read the Cultural Notes (Book 1, pp. 313, 315, 321, 327, 329, 335, 337, 339, and 345; Book B, pp. 145, 147, 151, 155, 159, 163, 166, 169, 171, 172, 173, 177, and 181) to students. Also have students watch* En vivo *video segment 1.*

Minicuento 1

ayer	la biblioteca	abre
llegó	devolvió	cierra
fue	trabaja	mil

Novel Command Suggestions
Abre la puerta mil veces. Cierra la puerta mil veces. Trabaja mucho. Trabaja como si fuera perezoso.

Personalized Question Suggestions
¿A qué hora llegaste a la escuela hoy? ¿A qué hora llegaste ayer? ¿Llegaste a tiempo o llegaste tarde? ¿Quién fue a la biblioteca ayer? ¿Devolviste un libro a la biblioteca? ¿Lo devolviste tarde? ¿Cuánto tuviste que pagar por devolver el libro tarde? ¿Mil dólares? ¿Ahora tienes que trabajar en la biblioteca porque no tienes dinero?

El libro caro

Ayer, un agente secreto de otro planeta llegó a _____ *(name of your school)*. Fue a la biblioteca y devolvió un libro muy viejo. Hoy, una persona que trabaja en la biblioteca encuentra el libro y lo abre. El libro tiene el nombre "Amelia Earhart" adentro. El empleado de la biblioteca cierra el libro y grita: "¡Amelia Earhart tiene que pagar mil dólares a la biblioteca!"

Minicuento 2

el supermercado
la pasta dentífrica
el regalo

luego
novecientos, -as

Novel Command Suggestions

Vio la pasta dentífrica. Tuvo hambre. Comió la pasta dentífrica. Se cepilló los dientes con la pasta dentífrica novecientas veces.

Personalized Question Suggestions

¿Qué haces cuando recibes un regalo? ¿Dices "gracias"? ¿Qué haces cuando una persona te da un supermercado como regalo? Y luego, cuando una persona te da pasta dentífrica como regalo, ¿qué haces?

El regalo especial

Un marciano quería salir con _____, una muchacha muy bonita de la Tierra. Fue al supermercado y le compró pasta dentífrica. Se la dio como un regalo muy especial. Luego, la muchacha bonita salió con el marciano porque vio que era novecientas veces más atractivo que los muchachos de la Tierra.

Minicuento 3

fueron
sacaron
zoológico

Bueno.
la parada del autobús
devolvieron

no lo sabían

Novel Command Suggestions

Sacó un plátano del bolsillo. Sacó una parada del autobús del bolsillo. Sacó un zoológico del bolsillo.

Personalized Question Suggestions

¿Fuiste al zoológico? Ya estaba cerrado, pero no lo sabías. ¿Fuiste a la parada del autobús? ¿Por qué? ¿Adónde fuiste en el autobús? ¿Devolviste un libro? ¿Sacaste un libro de la biblioteca? ¿Sacaste un libro del zoológico? ¿Lo sacaste de la boca de un león?

El tigre feroz

Ayer un muchacho, _____, y una muchacha, _____, encontraron un tigre pequeñito. Fueron a la biblioteca con el tigre y sacaron un libro sobre los tigres. ¡Ah! ¡Los tigres viven en los zoológicos! La muchacha le dijo al muchacho: "Debemos ir al zoológico." El muchacho le dijo a la muchacha: "Bueno." Fueron a la parada del autobús con el tigre y fueron al zoológico. Devolvieron el tigre al zoológico. El empleado del zoológico les dijo que no era un tigre, sino un gato grande. Los muchachos no lo sabían porque no son muy inteligentes.

Minicuento 4

la tienda de regalos	la farmacia	comestibles	en + *vehicle*
pastillas	queda	metro	hizo
doscientos, -as	a cinco cuadras de	la estación del metro	tarde

Personalized Question Suggestions

¿Quién compró los comestibles para tu familia esta semana? ¿Cuánto costaron los comestibles? ¿Doscientos dólares? ¿Hay una farmacia dentro del supermercado? ¿Pudiste comprar pastillas en la farmacia? ¿Dónde está el metro? ¿Pudiste ir a casa en metro después de comprar los comestibles? ¿Qué compras en una tienda de regalos? ¿Comestibles? ¿Pastillas? ¿A cuántas cuadras de la escuela queda la biblioteca? ¿Puedes devolver los libros desde tu coche o tienes que entrar en la biblioteca? ¿Qué hicieron cuando los devolviste tarde? ¿Tuviste que quedarte en la biblioteca por una semana?

¡Muchas cosas que hacer!

_____ es tonto. Ayer, fue a la tienda de regalos a comprar pastillas. Después, fue al supermercado y devolvió doscientos libros. Más tarde, fue a la farmacia que queda a cinco cuadras del supermercado a comprar comestibles. Anoche, fue a la estación del metro a tomar el autobús. Cuando llegó a la estación del metro, _____ fue de Nueva York a Los Ángeles en metro. ¡Hizo muchas cosas! Llegó a casa muy tarde.

Minicuento 5

la librería	al lado de	el teatro	la esquina
el estadio	la iglesia	sacar dinero	
un partido de fútbol	a la derecha	quinientos dólares	

Novel Command Suggestions

Compró un libro de la librería. Se lo dio al (a la) profesor(a) como regalo con la mano derecha. Fue al banco que está al lado de la librería. Sacó dinero del banco con la mano derecha. Le dio el dinero al (a la) profesor(a). No tuvo más dinero. Esperó en la esquina de las calles Rivera y Orozco para pedirle dinero a alguien. ¡Qué triste!

Personalized Question Suggestions

Cuando vas al banco para sacar dinero, ¿cuánto sacas? ¿Quinientos dólares para el almuerzo? ¿Vas al estadio para ver partidos de fútbol? ¿Fuiste anoche a ver un partido de fútbol?

Cómo ser más humano

Un mono quería ser humano. Fue a la librería y compró el libro *Cómo ser más humano.* Lo leyó. Luego, quería ir al estadio a ver un partido de fútbol. Pero, como quería ser como un hombre, no pidió direcciones. Lo buscó al lado de la iglesia. No lo encontró. Lo buscó a la derecha del teatro, pero no lo encontró. Caminó 26 cuadras y no lo encontró. Todavía no lo encontró. Por fin, fue al banco en Madrid a sacar dinero. Sacó quinientos dólares y fue a la esquina a ir al estadio en taxi. Se sintió triste porque creía que no era muy humano. ¡Qué libro tan bueno!, ¿no?

Minicuento 6

fuimos	enviar	a pie	una tarjeta postal
el correo	una tarjeta de cumpleaños	enfrente de	
un sello	ochocientos veinte dólares	jabón	

Novel Command Suggestions

Fue a pie al correo. El correo está enfrente de la casa de _____ *(name of celebrity)*. Envió el jabón a _____. Le envió una tarjeta postal con un sello a _____. Le envió una tarjeta de cumpleaños con dos sellos a _____. Le envió un elefante con ochocientos sellos a _____.

Una tarjeta de cumpleaños para _____

El domingo, mis amigos y yo fuimos al correo en el Palacio de Comunicaciones en Madrid a comprar un sello. Queríamos enviar una tarjeta de cumpleaños a _____ *(name of celebrity)*. El sello costó ochocientos veinte dólares. ¡No teníamos bastante dinero! Fuimos a pie a la Fuente de la Cibeles porque está enfrente del correo. Buscamos dinero en la fuente. Encontramos ochocientos veinte dólares, jabón y una tarjeta postal en la fuente (¡Qué raro!). Compramos un sello y escribimos "¡Feliz cumpleaños de la clase de español!" en la tarjeta postal mojada.

Minicuento 7

anoche	temprano
fue a pasear	la calle
una avenida	entre

Personalized Question Suggestions

¿Dónde vive _____ *(name of student in class)*? ¿Vive entre los monos y las jirafas en el zoológico? ¿Fuiste a pasear por la calle enfrente de la casa de _____ *(name of student in class)* anoche? ¿Fuiste temprano o tarde? ¿Por qué fuiste a su casa? ¿Por qué fuiste a la avenida donde vive _____?

El mono limpio

Anoche, un mono fue a pasear por una avenida en Madrid. Fue cinco cuadras a pie a la tienda de regalos y compró jabón por setecientos dólares. Fue temprano y fue a la Fuente de la Cibeles a bañarse. Se sentó en la fuente, se lavó con el jabón y escribió una carta a su mamá. Todos los coches en la calle entre la tienda de regalos y la fuente pararon porque había un mono en la fuente.

Prior to teaching Cuento principal, *have students watch* En vivo *video segment 2.*

Prior to beginning Comprensión de lectura, *have students read* ¡Vamos a leer! *(Book 1, pp. 340–341; Book B, pp. 184–185). Then have students apply the strategies that they have learned to the reading comprehension story. Also have students watch* En vivo *video segment 3.*

Cuento principal

El regalo delicioso

Dos monos querían ir al teatro que quedaba al lado de un restaurante de plátanos. La monita llegó a la casa del mono un poco temprano a las siete, y el mono todavía estaba en el baño. Le dijo: "un momento," y cerró la puerta. Se lavó el pelo con champú de plátanos.

La monita esperó y esperó y esperó. La monita jugaba fútbol cada día en el estadio. Era muy fuerte y tenía que comer cuatrocientos plátanos cada día. Tenía un regalo para el mono: doscientos treinta plátanos grandes. A las ocho la monita tenía mucha hambre. Comió unos plátanos. El mono se cepilló los dientes con pasta dentífrica de plátanos. A las nueve la monita comió más plátanos. El mono se bañó con jabón de plátanos. La monita comió el resto de los plátanos. A las diez el mono finalmente estuvo listo. El mono le dijo: "¿Qué me compraste?" La monita le dio doscientas treinta cáscaras de plátano. El mono se enojó.

Fueron al restaurante que quedaba entre el teatro y el correo. El mono no jugaba fútbol ni hacía ejercicios, pero tenía mucha hambre también. El mono comió quinientos plátanos y quería ir al teatro en una limosina porque no podía caminar. La monita era muy pobre y no tenía dinero para una limosina, pero era muy fuerte. Llevó el mono al teatro que quedaba al lado del restaurante. El mono se sintió contento.

¿Cuándo ocurrió?

The statements below are out of order. Number them so that they are in the same order as the events in the story.

_____ 1. El mono se sintió contento.

_____ 2. El mono se lavó el pelo.

_____ 3. El mono se enojó.

_____ 4. El mono finalmente estuvo listo.

_____ 5. La monita llevó el mono al teatro.

_____ 6. La monita llegó un poco temprano.

_____ 7. La monita comió el resto de los plátanos.

_____ 8. El mono quería ir al teatro en una limosina.

Use these drawings to retell the main story.

Comprensión de lectura

¿Dónde está el dinero?

Una mujer que se llamaba Alicia buscó en su bolsillo y no pudo encontrar su dinero. Alicia buscó la estación de policía porque creía que alguien le había robado setecientos dos dólares a ella. Le preguntó a un hombre: "¿A cuántas cuadras de la librería queda la estación de policía?" Él le dijo: "A cinco cuadras."

Ella buscó la estación de policía, pero no la encontró. Encontró el correo. Compró sellos y envió unas cartas. Le preguntó a una mujer en el correo: "¿Queda la estación de policía enfrente del teatro?" La mujer le respondió: "No, señora. Queda al lado del estadio." Alicia le dijo: "Bueno. Muchas gracias."

Alicia la buscó y la encontró. Alicia caminó por la avenida Torres y encontró el estadio. Pagó por un boleto y vio el partido de fútbol por dos horas. Luego, fue a la estación de policía que queda al lado del estadio.

Cuando llegó a la estación, no pudo recordar por qué había ido allí. Miró en su bolsillo y vio seiscientos noventa dólares y un poco de chicle. Masticó el chicle y fue a la biblioteca a sacar el libro *Cómo mejorar la memoria*.

I. ¿Verdadero (V) o falso (F)?

Write V if the statement is true and F if the statement is false. If the statement is false, correct it to make it true.

_____ 1. Alicia quiso ir a la estación de policía.

_____ 2. Alicia fue al correo a comprar una hamburguesa.

_____ 3. Alicia compró sellos en el correo.

_____ 4. La estación de policía queda a cinco cuadras de la librería.

_____ 5. La estación de policía queda enfrente del teatro.

_____ 6. Alicia vio el partido de fútbol americano por dos horas.

_____ 7. La estación de policía queda al lado del zoológico.

_____ 8. Cuando llegó a la estación dijo: "¡Alguien me robó setecientos dos dólares!"

_____ 9. Alicia masticó una zanahoria.

_____ 10. Alicia fue a la biblioteca a sacar un libro.

II. Respuestas cortas

1. ¿Por qué quiso ir Alicia a la estación de policía? _____

2. ¿Quién le dijo que la estación estaba a cinco cuadras de la librería? _____

3. ¿Adónde fue Alicia para comprar sellos? _____

4. ¿Qué usa Alicia para comprar los sellos? ¿Dinero? _____

5. ¿Es el mismo dinero que creía que alguien le había robado a ella? _____

6. ¿Por qué vio un partido de fútbol por dos horas? _____

7. Cuándo llegó a la estación, ¿qué problema tuvo? _____

8. ¿Adónde fue Alicia? _____

9. ¿Por qué sacó un libro de la biblioteca? _____

10. ¿Crees que Alicia va a devolver el libro? _____

III. La ilustración

On your own paper, draw a six-frame cartoon to illustrate the story.

Writing and Speaking Activities

I. Oral Sight-Reading

You will have 60 seconds to study the picture below. You will then have an additional 60 seconds to describe the picture. You may want to talk about the kinds of stores that are shown and their locations, some of the things that people might buy in the stores, and the kinds of transportation they might use to get to the stores. At the end of 60 seconds, your partner will have 60 seconds to do the same. Concentrate on speaking as quickly as possible and avoiding breaks, pauses, and stumbles. Don't worry about saying everything exactly right, but just keep talking. Do <u>not</u> speak in English.

Writing and Speaking Activities

II. Presenting the Story
(Give directions orally, write them on the board, or put them on an overhead transparency.)

Have students form groups of two or three and choose at least ten vocabulary words from any chapter. Each group will illustrate a new story that it has created (one illustration per group). After the story has been drawn, each group will practice telling the story before presenting it to the whole class. Students may speak in English while planning the story, but there can be NO WORDS written on their pictures in any language. Students will take their pictures with them when they present them to the class and choose actors to act out their skits.

III. Class Invention
Create an invention story in class using the overhead or chalkboard. Students will contribute ideas for the story as it is being written. You should subtly emphasize agreement and verb correctness (use of the *yo* form of the preterite) as the story is being written. Students will simultaneously write the story in their notebooks. They will study the story for a short, open-story quiz the next day. See the Introduction, p. xiii, for directions on creating invention stories.

IV. Guide Words
Using *Minicuento 5,* Chapter 7, change the story from the present tense to the preterite, emphasizing the formation of the *yo* form in the preterite. See the Introduction, p. xiv, for directions on using the overhead to teach grammar through guide words.

El cuerpo rojo del muchacho tonto

Voy al mar con mi amigo. Llevo un traje de baño y anteojos de sol. Mi amigo lleva un traje de baño, anteojos de sol y el bronceador. Creo que no necesito llevar el bronceador. Tomamos el sol por nueve horas. Hace sol. Cuando regresamos a casa a descansar, me siento mal porque todo mi cuerpo está rojo. Ahora siempre pienso llevar el bronceador cuando tomo el sol.

Voy	Fui
mi	mi
Llevo	Llevé
Mi	Mi
lleva	llevó
Creo	Creí
necesito	necesitaba
Tomamos	Tomamos
Hace	Hacía
regresamos	regresamos
me siento	me sentía
mi	mi
está	estaba
pienso	pienso
tomo	tomo

Explain to students why *mi, tomamos,* and *regresamos* do not change. Also explain that *hace, necesito, me siento,* and *está* change to the imperfect because this tense is used to describe people, places, or situations in the past. Point out that *pienso* and *tomo* remain in the present tense in the last sentence because this sentence refers to the present, not the past. When you have finished creating your list, have students rewrite this story in the new form for homework.

V. Escritura libre

(Give directions orally, write them on the board, or put them on an overhead transparency.)

On their own paper, have students write a 100-word story using at least five of the following words or phrases: *devolví, hice, vi, fui, la biblioteca, el zoológico, el champú, la pasta dentífrica.*

At the end of the chapter, do ¿Lo sabes bien?, p. 344. This section will prepare students for the proficiency test.

Answer Key for *¿Cuándo ocurrió?*
1. 8
2. 2
3. 5
4. 4
5. 7
6. 1
7. 3
8. 6

Answer Key for *¿Verdadero o falso?*

V	1.
F	2. Alicia fue al correo a comprar **sellos.**
V	3.
V	4.
F	5. La estación de policía **no** queda enfrente del teatro. *o* **Queda al lado del estadio.**
F	6. Alicia vio el partido de **fútbol** por dos horas.
F	7. La estación de policía queda al lado del **estadio.**
F	8. Cuando llegó a la estación, **no pudo recordar por qué había ido a la estación.**
F	9. Alicia masticó **chicle.**
V	10.

Answer Key for *Respuestas cortas*
1. porque creía que alguien le había robado setecientos dos dólares
2. un hombre
3. al correo
4. Sí.
5. Sí. (Answers may vary.)
6. Answers will vary.
7. No pudo recordar por qué estaba allí.
8. a la biblioteca
9. Quería mejorar la memoria.
10. Answers will vary.

CAPÍTULO 11

¿Qué te gustaría ver?

Includes content from PASO A PASO 1, pp. 346–379, and PASO A PASO B, pp. 188–231.

Prior to teaching the vocabulary, read the Cultural Overview (Book 1, p. 345B; Book B, p. 187B) to students. Then have students read and discuss Perspectiva cultural (Book 1, pp. 360–361; Book B, pp. 198–199 and pp. 218–219).

Minicuento 1

un programa de entrevistas	los dibujos animados
el mejor	
el peor	

Personalized Question Suggestions
¿Te gustan los programas de entrevistas? ¿Qué programas de entrevistas te gustan más? ¿Cuál es el mejor? ¿Cuál es el peor? ¿Te gustan los dibujos animados? ¿Cuál es el mejor? ¿Te gustaría dibujar para los dibujos animados?

El (la) mejor actor (actriz) de Venezuela es un(a) . . . ¿Qué?

Cristina tiene un programa de entrevistas en Venezuela. Un día Cristina invita a _____ a su programa porque es un(a) actor (actriz) muy famoso(a) de dibujos animados de la mañana y porque habla como Donald Duck. Cristina cree que _____ es el (la) mejor actor (actriz) de Venezuela.

Minicuento 2

vio	un anuncio de televisión	mayor

Personalized Question Suggestions
¿Qué prefieres, los programas de entrevistas o los anuncios de televisión? ¿Cuál es el mejor anuncio de televisión? ¿Ves los programas de entrevistas por la noche? ¿Cuántos años tiene _____ *(name of child actor)*. ¿Quién es mayor, _____ *(name of child actor)*, o _____ *(name of person in class)*?

El hombre calvo con mucho pelo

Un hombre calvo que se llamaba _____ vio un anuncio de televisión para el producto "Pelo Otra Vez" durante un programa de entrevistas. Decidió que es el mejor producto de todos. Compró "Pelo Otra Vez" inmediatamente. Ahora tiene mucho pelo y es un actor muy famoso de anuncios de televisión. Tiene cien años y es mayor que todos los actores de anuncios de televisión de todo el mundo.

Minicuento 3

la clase
una película de terror
tonto, -a

una película del oeste
le daban miedo

Personalized Question Suggestions
¿Qué clase de películas prefieres, las películas de terror o las películas del oeste? ¿Qué películas son tontas? ¿Qué películas te dan miedo? ¿Las películas románticas te dan miedo? ¿Hay alguien en la clase que no vea las películas románticas porque le dan miedo?

Los gauchos monstruosos

_____ y _____ eran actores en una película de terror muy tonta. Era muy cómica porque también era una película del oeste. Los monstruos _____ y _____ llevaban sombreros y hablaban como gauchos. Le daban mucho miedo a _____ *(name of student in class)*.

Minicuento 4

las telenovelas
demasiadas
en punto

de la noche
le fascina
de la tarde

Personalized Question Suggestions
¿Te gustan las telenovelas? ¿Cuáles son tus favoritas? ¿Ves telenovelas por la mañana o por la noche? ¿Qué telenovelas te fascinan más? ¿A qué hora empieza tu programa favorito? ¿A las ocho en punto de la noche? ¿A la una en punto de la tarde?

La telenovela no es muy realista

A _____ le encanta ver las telenovelas. Ve demasiadas telenovelas. La mejor culebra empieza a las ocho en punto de la noche. A la familia le fascina ver el programa en la sala. Las actrices son muy bonitas, los actores son muy guapos y los padres son muy interesantes. No es muy realista, ¿no?

Have students read and discuss ¡Piensa en la cultura! *(Book 1, pp. 348–349) or* ¡Piénsalo bien! *(Book B, pp. 190–191). Then read the Cultural Notes (Book 1, pp. 347, 349, 359, 361, 375, 377, and 379; Book B, pp. 190, 191, 197, 199, 203, 208, 209, 215, 219, 221, 223, and 231) to students. Also have students watch* En vivo *video segment 1.*

Minicuento 5

al mediodía	el pronóstico del tiempo	más tarde
le interesó	el canal 9	casi
un programa deportivo	puntualmente	media hora

Personalized Question Suggestions

¿Qué te gustaría ver por la tarde? ¿El pronóstico del tiempo? ¿Termina puntualmente después de media hora o no? ¿En qué canal ves los programas deportivos? ¿Qué clase de programas te interesa más? ¿Qué ves al mediodía? ¿Estás en la escuela al mediodía? ¿Cómo puedes ver la televisión al mediodía?

La tragedia con el tiempo

Ayer al mediodía a _____ le interesó ver un programa deportivo en la televisión antes de ir al partido de béisbol. A _____ le interesó ver el pronóstico del tiempo en el canal 9 antes de ir al partido. No vieron el pronóstico del tiempo sino el programa deportivo. Fueron al partido de béisbol. Llegaron al parque puntualmente para jugar béisbol. Más tarde, casi a la una de la tarde, llovió por media hora. ¡Qué lástima que no vieran el pronóstico del tiempo antes de ir a jugar béisbol!

Minicuento 6

una película de aventuras	un programa de hechos de la vida real
le interesa más	
todavía no	

Personalized Question Suggestions

¿A quién le gustan las películas de aventuras? ¿Te interesan más las películas de aventuras o las películas románticas? ¿Cuál es tu película de aventuras favorita? ¿Cuál es tu película musical favorita? ¿Quién todavía no ha visto _____ (name of famous movie)?

El actor con los huesos rotos

A _____ le interesó ser actor en una película de aventuras. Un día fue a Hollywood a hacerse actor, pero el primer día se rompió la pierna y se golpeó la cabeza en una parada del autobús. _____ piensa que le interesa más ser un actor famoso en una película musical. Es más fácil cantar. Todavía no se ha roto un hueso. El canal 2 quiere producir un programa de hechos de la vida real sobre actores que se han roto huesos al filmar sus películas.

Minicuento 7

emocionante	duró	le aburre
corta	tres horas y media	esa clase de películas
larga	la medianoche	hasta

Personalized Question Suggestions

¿Qué clase de películas te gusta más? ¿Cuál es la mejor película de todas? ¿Cuál es la peor? ¿Cuántas veces te gustaría ver una película que dura tres horas y media? ¿Qué películas duran hasta la medianoche? ¿Son muy emocionantes las películas que duran tres horas y media? ¿Qué películas son muy emocionantes? ¿Qué películas te aburren? Cuando vas a una película que no te interesa, ¿te duermes o sales del cine?

La última vez que salieron juntos

_____ y _____ vieron una película romántica muy emocionante. No era corta sino muy, muy larga. Duró tres horas y media. Terminó a la medianoche en punto. _____ piensa que es la mejor película de todo el año. _____ lloró y lloró. A _____ le aburre esa clase de películas. Cree que es la peor película de todas. Se durmió. Por eso, nunca más van a salir juntos.

Prior to beginning Cuento principal, *have students watch* En vivo *video segment 2.*

Prior to beginning Comprensión de lectura, *have students read* ¡Vamos a leer! *(Book 1, pp. 374–375; Book B, pp. 228–229). Then have students apply the strategies that they have learned to the reading comprehension story. Also have students watch* En vivo *video segment 3.*

Cuento principal

El documental de Juan

Juan era un estudiante muy interesante y fascinante también. El canal 12 quería filmar un documental sobre Juan por tres días. Lo siguieron todo el día. Juan vio las noticias en la televisión, vio un programa de hechos de la vida real y vio una comedia. Vio programas de televisión hasta la medianoche.

Juan era un adicto a la televisión. Veía programas de entrevistas por la mañana. Por la tarde veía programas de hechos de la vida real. También veía telenovelas por la noche. Nunca veía programas educativos. Tenía 48 televisores en la sala. Todos eran de blanco y negro. Los veía toda la mañana, toda la tarde y toda la noche. Había 48 canales en su televisión. Veía 48 canales a la vez.

Las telenovelas eran sus programas favoritos. Quería verlas en colores. Compró marcadores y dibujó en los televisores. Era menos realista, pero pudo verlas en colores.

A la gente del canal 12 Juan le aburrió muchísimo. El documental sobre Juan fue el peor documental de todos. Desafortunadamente, la gente del canal 12 decidió que Juan no era interesante y decidió dar un documental sobre una tortuga muerta.

¿Cuándo ocurrió?

The statements below are out of order. Number them so that they are in the same order as the events in the story.

_____ 1. Juan era estudiante.

_____ 2. Juan compró marcadores.

_____ 3. A la gente del canal 12 Juan le aburrió.

_____ 4. Juan dibujó en los televisores.

_____ 5. Juan quería ver las telenovelas.

_____ 6. La gente del canal 12 quería filmar un documental sobre Juan.

_____ 7. La gente del canal 12 decidió dar un documental sobre una tortuga muerta.

_____ 8. Juan vio la televisión en colores.

Use these drawings to retell the main story.

Comprensión de lectura

Cuando Silvia salió con Paco

A Paco le interesa salir con Silvia. Llama a Silvia y ella le dice que él debe llegar a su casa el sábado por la noche a las siete en punto.

A las ocho y media, Paco llega a la casa de Silvia. Silvia es la persona menos paciente de toda la ciudad. Paco y Silvia van al cine para ver los dibujos animados. Van al cine pero no hay más boletos para los dibujos animados. Tienen que ver una película de terror. A Paco le fascinan las películas de terror y de ciencia ficción. A Silvia sólo le gustan las películas románticas. La película de terror le da mucho miedo. Silvia se sienta en el cine con su chaqueta sobre la cabeza. Tiene tanto miedo que no puede ver. Paco piensa que la película es muy cómica y divertida. La película dura tres horas y media.

Después de ver la película, Paco y Silvia van a un restaurante para tomar café. Paco habla el resto de la noche de su ex novia, una supermodelo. Paco le dice a Silvia que se le olvidó su dinero. Le pide dos pesos a Silvia para pagar por los cafés. Cuando regresan a la casa de Silvia a la una de la mañana, Paco trata de besarla. Silvia no quiere ofenderlo y por eso le dice: "Es demasiado tarde. Es ilegal besarse después de la medianoche en esta ciudad." Paco está triste, pero le interesa salir otra vez con Silvia muy pronto.

I. ¿Verdadero (V) o falso (F)?

Write V if the statement is true and F if the statement is false. If the statement is false, correct it to make it true.

_____ 1. Silvia le pide a Paco que llegue a las siete en punto.

_____ 2. Paco llega a tiempo.

_____ 3. Van a una película romántica.

_____ 4. Van a un restaurante elegante.

_____ 5. No hay más boletos para los dibujos animados.

_____ 6. A Silvia no le gusta la película de terror.

_____ 7. Silvia y Paco van a un restaurante para comer papas fritas.

_____ 8. Paco habla de su ex novia, la supermodelo.

_____ 9. Silvia está completamente enamorada de Paco.

_____ 10. Es ilegal besarse después de la medianoche.

II. Respuestas cortas

1. ¿Quiénes van juntos al cine? _____

2. ¿Adónde van Paco y Silvia? _____

3. ¿Qué clase de película quiere ver Silvia? _____

4. ¿Por qué no pueden ver los dibujos animados? _____

5. ¿Qué clase de película ven? _____

6. ¿Qué hace Silvia en el cine? ¿Por qué? _____

   _____

7. ¿Quién tiene que pagar por los cafés? ¿Por qué? _____

   _____

8. ¿De quién habla Paco en el restaurante? _____

9. ¿Por qué no le dice la verdad Silvia cuando Paco quiere besarla? _____

   _____

10. ¿Qué quiere Paco? _____

III. La ilustración

On your own paper, draw a six-frame cartoon to illustrate the story.

Writing and Speaking Activities

I. Oral Sight-Reading

You will have 60 seconds to study the picture below. You will then have an additional 60 seconds to talk about the picture. You may want to describe the types of TV programs shown on the TV sets, say which one(s) you like most or least and why, and tell whether you prefer to watch these kinds of TV programs or to go to the movies and why. When you have finished, your partner will have 60 seconds to study the picture and then talk to you about it. Concentrate on speaking as quickly as possible and avoiding breaks, pauses, and stumbles. Don't worry about saying everything exactly right, but just keep talking. Do <u>not</u> speak in English.

Writing and Speaking Activities

II. Presenting the Story
(Give directions orally, write them on the board, or put them on an overhead transparency.)

Have students form groups of two or three and choose at least ten vocabulary words from any chapter. Each group will illustrate a new story that it has created (one illustration per group). After the story has been drawn, each group will practice telling the story before presenting it to the whole class. Students may speak in English while planning the story, but there can be NO WORDS written on their pictures in any language. Students will take their pictures with them when they present them to the class and choose actors to act out their skits.

III. Class Invention
Create an invention story using the overhead or chalkboard. Students will contribute ideas for the story as it is being written. Encourage students to suggest names for two main characters. Then ask: *"¿Qué hicieron?"* and coach responses using the *Uds.* form of the preterite. Students will simultaneously write the story in their notebooks. They will study the story for a short, open-story quiz the next day. See the Introduction, p. xiii, for directions on creating invention stories.

IV. Guide Words
It is important that you do not introduce a new grammar point at the same time that you introduce a new story. Using *Minicuento 5,* Chapter 7, change the story from the present tense to the preterite, emphasizing the formation of the *Uds.* form of the verbs in the preterite. Assign the rewrite of the story for homework. See the Introduction, p. xiv, for directions on using the overhead to teach grammar through guide words.

El cuerpo rojo del muchacho tonto

Voy al mar con mi amigo. Llevo un traje de baño y anteojos de sol. Mi amigo lleva un traje de baño, anteojos de sol y el bronceador. Creo que no necesito llevar el bronceador. Tomamos el sol por nueve horas. Hace sol. Cuando regresamos a casa a descansar, me siento mal porque todo mi cuerpo está rojo. Ahora siempre pienso llevar el bronceador cuando tomo el sol.

Voy	Fueron
mi amigo	su amigo
Llevo	Llevaron
Mi amigo lleva	Su amigo llevó
Creo	Creyeron
no necesito	no necesitaban
Tomamos	Tomaron
Hace	Hacía
regresamos	regresaron
me siento	se sentían
mi cuerpo	su cuerpo
está	estaba
pienso	piensan
tomo	toman

Explain to students that *necesito, hace, me siento,* and *está* change to the imperfect because this tense is used to describe people, places, or situations in the past. Also point out that *piensan* and *toman* remain in the present tense in the last sentence because this sentence refers to the present, not to the past.

V. Escritura libre

(Give directions orally, write them on the board, or put them on an overhead transparency.)

On their own paper, have students write a story about a boy using at least five of the following words or phrases: *el programa de detectives, la película de ciencia ficción, fascinante, al mediodía, en punto, la actriz, el actor.*

At the end of the chapter, do ¿Lo sabes bien?, p. 378. This section will prepare students for the proficiency test.

Answer Key for *¿Cuándo ocurrió?*

1. 1
2. 4
3. 7
4. 5
5. 3
6. 2
7. 8
8. 6

Answer Key for *¿Verdadero o falso?*

V	1.
F	2. Paco llega a las ocho y media.
F	3. Van a una película **de terror.**
F	4. Van **al cine.**
V	5.
V	6.
F	7. Silvia y Paco van a un restaurante para **tomar café.**
V	8.
F	9. Silvia **no** está completamente enamorada de Paco. *o* **A Silvia no le gusta Paco.**
F	10. **No, Silvia dice que** es ilegal besarse después de la medianoche. *o* **No, Silvia no le dice la verdad.**

Answer Key for *Respuestas cortas*

1. Silvia y Paco
2. al cine
3. los dibujos animados
4. No hay más boletos.
5. una película de terror
6. Se sienta en el cine con su chaqueta sobre la cabeza; porque la película le da miedo
7. Silvia; porque Paco no tiene dos pesos
8. de su ex novia, la supermodelo
9. porque no le gusta Paco y no quiere besarlo, pero no quiere ofenderlo
10. salir con Silvia otra vez

CAPÍTULO 12

¡Vamos a un restaurante mexicano!

Includes content from PASO A PASO 1, *pp. 380–413, and* PASO A PASO B, *pp. 232–271.*

Prior to teaching the vocabulary, read the Cultural Overview (Book 1, p. 379B; Book B, p. 231B) to students. Then have students read and discuss Perspectiva cultural *(Book 1, pp. 394–395; Book B, pp. 242–243 and pp. 258–259).*

Minicuento 1

los menús	picante
la comida	la pimienta
el postre	

Novel Command Suggestions

Le interesa el menú. Besa el menú. Abraza el menú. Es el menú más interesante de todo el mundo, ¿no? Pone pimienta en el menú y lo come. ¡Está picante! Le duele el estómago.

Personalized Question Suggestions

¿Qué te interesa más, comer postre o comer pimienta? ¿A quién le gusta más la comida picante? ¿Te duele el estómago cuando comes salsa y pimienta?

El postre picante con pimienta

A _____ le gusta cocinar. Un día, abre un restaurante y escribe los menús. Hay sólo una clase de comida en el menú: postre picante con pimienta. Pero nadie entra en el restaurante porque no les interesa postre picante con pimienta. _____ tiene que comer todos los postres. Ahora le duele mucho el estómago.

Minicuento 2

pidió	una tortilla de maíz	le trajo	¿Algo más?
la carne de res	a la carta	un platillo	
los frijoles refritos	el (la) camarero(a)	encima de	

Novel Command Suggestions

Pide los frijoles refritos a la carta. Pide una tortilla de maíz a la carta. Pide queso a la carta. Pide un platillo. Cocina una quesadilla grande. La come rápidamente.

Personalized Question Suggestions

Cuando vas a un restaurante y la camarera te trae la carne de res en seguida y las bebidas en seguida, ¿le das una propina grande? Cuando pides carne de res y la camarera te trae frijoles refritos con la mano y sin platillo, ¿le das una propina grande? ¿Quién es camarero(a)? ¿Eres un(a) camarero(a) bueno(a) o malo(a)? ¿Siempre traes frijoles en un platillo o usas la mano?

A la carta

_____ pidió carne de res con frijoles refritos y una tortilla de maíz a la carta. La camarera no le comprendió. Le preguntó: "¿A la carta?" "Sí, señora, a la carta," le respondió. La camarera no sabía qué traerle. En seguida, le trajo cada cosa en un platillo diferente. Le trajo 16 platillos. _____ no sabía qué significa "a la carta." La camarera puso la cuenta para 2,700 dólares encima de la mesa y le dijo: "¿Algo más?" ¡Qué caro!

Minicuento 3

los pasteles	una cuchara	me falta
el helado	un tenedor	vendemos
delante de	un plato	los vasos
un tazón		

Personalized Question Suggestions

¿Qué haces cuando alguien pone la mesa con los vasos delante de los platos? ¿Qué haces cuando vas a un restaurante y los vasos no están sobre la mesa sino sobre el suelo? ¿Qué haces cuando estás comiendo carne de res en un restaurante y te falta un tenedor? ¿Puedes comer la carne de res con una cuchara? ¿Puedes comer la carne directamente del plato usando sólo la boca? ¿Comes helado de un tazón o de un plato? ¿Comes helado con una cuchara o con un tenedor? ¿Dónde venden cucharas? Cuando compras una cuchara para comer helado y lo comes muy, muy rápidamente, ¿te duele la cabeza?

Pasteles sin cucharas

_____ y _____ fueron a un restaurante mexicano. Pidieron helado y pasteles porque les encantan. La camarera les trajo helado y lo puso delante de los dos muchachos, pero no les trajo ni tazón ni cuchara. Les trajo pasteles, pero no les trajo ni tenedor ni plato. _____ le dijo a la camarera: "Me falta una cuchara." La camarera le dijo: "No vendemos cucharas aquí." _____ y _____ comieron el helado y los pasteles de la mesa usando las manos. ¡Les duelen las manos por el frío!

Have students read and discuss ¡Piensa en la cultura! *(Book 1, pp. 382–383) or* ¡Piénsalo bien! *(Book B, pp. 234–235). Then read the Cultural Notes (Book 1, pp. 381, 387, 395, 397, 399, 401, 405, and 407; Book B, pp. 243, 247, 248, 249, 259, 263, 270, and 271) to students. Also have students watch* En vivo *video segment 1.*

Minicuento 4

> las quesadillas
> ¿Con qué se hace(n) . . . ?
> Se hace(n) con . . .
>
> tortillas de harina
> la mantequilla
> el chile

Personalized Question Suggestions

¿Con qué se hace una cena deliciosa? ¿Se hace con tortillas de harina o de maíz?
¿Comes helado en la cena? ¿Comes mantequilla en la cena? ¿Comes chile? Cuando
comes quesadillas, ¿las comes con una cuchara? ¿Te gusta sentarte delante de la
mantequilla y comerla con una cuchara?

La quesadilla secreta

A _____ le encantaba comer quesadillas. _____ fue al mejor restaurante mexicano de
_____ *(name of your city)*, El Restaurante Elegante, y le preguntó al camarero, Desordenado:
"¿Con qué se hacen las quesadillas?" Desordenado le dijo: "Se hacen con tortillas de harina,
mantequilla, pimienta, el chile y un poco de salsa." _____ salió para preparar quesadillas
en su propio restaurante enfrente de El Restaurante Elegante.

Minicuento 5

> debajo de
> el mantel
> un aguacate
>
> la sal
> el flan
> lo mismo
>
> Voy a traerles
> los probaron
> un cuchillo
>
> los comieron
> bebieron

Novel Command Suggestions

Prueba el flan. Prueba el aguacate. Prueba la sal. Prueba el mantel. Se sienta debajo
de la mesa. Se sienta encima de la mesa. El vaso se sienta debajo de la mesa. Bebe
la sal. Agarra un aguacate. Lo trae a la mesa. Lo come con un cuchillo. Lo come con
una cuchara. Lo come con un platillo. _____ *(name of student in class)* come el flan.
_____ *(name of another student in class)* come lo mismo. _____ come la sal.
_____ come lo mismo. ¡Qué asco!

Flan y aguacates

_____ y _____ son muy extraños(as). Entraron en un restaurante elegante y se sentaron
en la mesa debajo del mantel. _____ pidió un aguacate con sal y flan. _____ pidió
lo mismo. El camarero les dijo: "Voy a traerles dos aguacates con sal y flan." _____ y
_____ los probaron con un cuchillo, pero no los comieron porque toda la gente en el
restaurante estaba mirándolos. _____ y _____ bebieron el flan de un vaso. ¡Qué raro!

Minicuento 6

> sirven
> los chiles rellenos
> la especialidad de la casa
>
> el plato del día
> el plato principal
> el chile con carne
>
> los probó

¿Cuál es tu restaurante favorito? ¿Sirven una especialidad de la casa? ¿Es chile con carne? ¿Chiles rellenos? Cuando vas al restaurante, ¿pides el plato principal o sólo una ensalada? Cuando el camarero te trae el plato principal, ¿lo comes con un tenedor o con los dedos? ¿Alguna vez has pedido el plato del día? ¿Estuvo terrible? Cuando lo probaste, ¿pusiste mucha sal en el plato? ¿Tuvieron que traerte más sal del océano? ¿Casi moriste porque estuvo tan horrible?

¡Éstos no son chiles rellenos!

Hay un restaurante en que sirven chiles rellenos cada día. Es la especialidad de la casa y es el plato del día todos los días. Una vez, _____ fue al restaurante y pidió chiles rellenos como plato principal. La camarera le trajo chile con carne. Lo comió. Hoy por la mañana _____ fue al restaurante y pidió chiles rellenos. La camarera le trajo chiles rellenos. Cuando los probó, le dijo: "¡Éstos no son chiles rellenos! ¡Tráigame chiles rellenos, por favor!" La camarera le trajo chile con carne. _____ lo comió todo.

Minicuento 7

A menudo	azúcar	Me faltan	muchas veces
¿Me trae . . . ?	le traigo	unas servilletas	la merienda
una taza de café	churros	¿Me pasa . . . ?	les trae

Novel Command Suggestions

Bebe una taza de café una vez. Come churros y chocolate muchas veces. Pone azúcar en una taza de café muchas veces. Pone unas servilletas en la cabeza una vez.

Personalized Question Suggestions

¿Me traes churros y chocolate? ¿Me traes una taza de café? ¿Quieres ser un(a) camarero(a) que viva en mi casa y me traiga churros y chocolate a menudo? ¿Me pasas una servilleta? ¿Me pasas muchas servilletas? ¿Me pasas un millón de servilletas?

La propina

A menudo _____ y _____ van a un restaurante elegante. Una vez, _____ le dice al camarero: "¿Me trae una taza de café con azúcar, por favor?" El camarero le dice: "En seguida se la traigo." Y _____ le dice: "¿Me trae churros y chocolate, por favor?" "Sí. ¿Algo más?" le responde el camarero. "No, gracias." El camarero regresa y _____ le dice: "Me faltan servilletas." El camarero se las da. _____ le dice al camarero: "¿Me pasa una?" El camarero regresa muchas veces durante la merienda. Por fin, les trae la cuenta. La merienda costó 2,000 dólares. _____ la paga y ¡le da una propina al camarero de 200 por ciento! El camarero baila encima de la mesa.

Prior to teaching Cuento principal, *have students watch* En vivo *video segment 2.*

Prior to beginning Comprensión de lectura, *have students read* ¡Vamos a leer! *(Book 1, pp. 408–409; Book B, pp. 268–269). Then have students apply the strategies that they have learned to the reading comprehension story. Also have students watch* En vivo *video segment 3.*

Cuento principal

El jugo de aguacate

Un día, José, Tomás y Ana María fueron al patio de un restaurante mexicano. Habían jugado básquetbol en el parque todo el día y por eso tenían mucha sed.

Fueron a un restaurante donde pidieron agua, pero el camarero les dijo que en ese restaurante a la una de la tarde, no había agua. Pidieron limonada, pero el camarero les dijo: "Nos falta limonada también porque se necesita agua para preparar limonada." Pidieron jugo de naranja. Pero no había jugo tampoco. Los amigos pidieron aguacates. El camarero regresó en seguida y les sirvió catorce aguacates. Los amigos los pusieron en las sillas y se sentaron en los aguacates. Pusieron el jugo de los aguacates en sus vasos y lo probaron. No les gustaba pero lo bebieron porque tenían tanta sed. Limpiaron las sillas con sus servilletas. Después, pidieron una merienda, pero el camarero les dijo que tenían que salir del restaurante en seguida. Los amigos todavía tenían hambre, pero ya no tenían sed.

¿Cuándo ocurrió?

The statements below are out of order. Number them so that they are in the same order as the events in the story.

_____ 1. El camarero les dijo que tenían que salir del restaurante.
_____ 2. Los amigos pidieron agua.
_____ 3. El camarero les dijo que no había jugo.
_____ 4. Los amigos se sentaron en los aguacates.
_____ 5. Los amigos pidieron una merienda.
_____ 6. Los amigos pidieron limonada.
_____ 7. Los amigos pidieron aguacates.
_____ 8. Los amigos habían jugado básquetbol.

Use these drawings to retell the main story.

Comprensión de lectura

¿Dónde está la camarera?

Cada domingo toda la familia de Ana María va a la Casa de los Azulejos en la Ciudad de México a las nueve. La camarera les trae los menús y todos hablan por muchas horas.

Una vez, el tío de Ana María pidió camarones rancheros. Su mamá pidió enchiladas. Su abuelo pidió chiles rellenos. Ana María le dijo a la camarera: "¿Me trae quesadillas, por favor?" La camarera les trajo la comida en seguida. El abuelo de Ana María le dijo: "Me falta una servilleta." La camarera corrió a la cocina y regresó con servilletas para toda la familia. El tío de Ana María le dijo: "Nos faltan tenedores." La camarera corrió a la cocina y regresó con tenedores para todos. La familia comió y habló toda la noche. A las diez pidieron pasteles, helado, churros y postres con café. La camarera les sirvió todos los postres en seguida. La madre de Ana María le dijo: "¿Me trae azúcar para el café, por favor?" La camarera se lo trajo en seguida. "¿Algo más?" le preguntó la camarera. "Nos falta la cuenta," le dijo Ana María. La camarera le dijo: "Se la traigo en seguida." Pero nunca regresó.

La camarera decidió que no le interesaba ser camarera, y salió del restaurante a dormir la siesta. La familia habló y esperó toda la noche, pero la camarera nunca le trajo la cuenta. ¡La pobre familia habló hasta el desayuno!

I. ¿Verdadero (V) o falso (F)?

Write V if the statement is true and F if the statement is false. If the statement is false, correct it to make it true.

_____ 1. La familia de Ana María va a un restaurante cada domingo.

_____ 2. La familia come la cena a las seis.

_____ 3. La camarera les dio los menús.

_____ 4. El tío de Ana María pidió enchiladas.

_____ 5. La mamá de Ana María pidió camarones rancheros.

_____ 6. Al abuelo le falta una servilleta.

_____ 7. A toda la familia le falta tenedores.

_____ 8. Ana María le dijo a la camerera que necesitaba la cuenta.

_____ 9. La camarera le trajo la cuenta en seguida.

_____ 10. La familia habló hasta el desayuno.

II. Respuestas cortas

1. ¿Qué hace la familia cada domingo? _____

2. ¿Quién trajo los menús? _____

3. ¿Qué pidió Ana María para la cena? _____

4. ¿Quién pide una servilleta? _____

5. ¿Por qué necesitaban tenedores? _____

6. ¿Quién les dijo: "¿Algo más?" _____

7. ¿Qué le faltaba a Ana María? _____

8. ¿Quién pidió la cuenta? _____

9. ¿Cuánto costó la cena? _____

10. ¿Qué hizo la familia toda la noche? _____

III. La ilustración

On your own paper, draw a six-frame cartoon to illustrate the story.

Writing and Speaking Activities

I. Oral Sight-Reading

You will have 60 seconds to study the pictures below. You will then have an additional 60 seconds to talk about the people in the pictures. You may want to say what you think Mercedes and Carmen are talking about, tell what Mercedes is doing in the kitchen, describe the food that she serves for dinner, and tell whether you think her family likes the meal and why. At the end of 60 seconds, your partner will have 60 seconds to do the same. Concentrate on speaking as quickly as possible and avoiding breaks, pauses, and stumbles. Don't worry about saying everything exactly right, but just keep talking. Do <u>not</u> speak in English.

Writing and Speaking Activities

II. Presenting the Story
(Give directions orally, write them on the board, or put them on an overhead transparency.)

Have students form groups of two or three and choose at least ten vocabulary words from any chapter. Each group will illustrate a new story that it has created (one illustration per group). After the story has been drawn, each group will practice its story before presenting it to the whole class. Students may speak in English while planning the story, but there can be NO WORDS written on their pictures in any language. Students will take their pictures with them when they present them to the class and choose actors to act out their skits.

III. Class Invention
Create an invention story in class using the overhead or chalkboard. The story should be told in the *yo* form of the preterite. Students will contribute ideas for the story as it is being written. You should subtly emphasize agreement and verb correctness as the story is being written without drawing a lot of attention to this. You should make sure that students know what the words mean, but avoid lengthy explanations or verb charts. Students will simultaneously write the story in their notebooks. They will study the story for a short, open-story quiz the next day. See the Introduction, p. xiii, for directions on creating invention stories.

IV. Guide Words
It is important that you do not introduce a new grammar point at the same time that you introduce a new story. Using *Minicuento 5* from Chapter 7, change the story from the present tense to the preterite, emphasizing the formation of the *tú* form of the verbs in the preterite. See the Introduction, p. xiv, for directions on using the overhead to teach grammar through guide words.

El cuerpo rojo del muchacho tonto

Voy al mar con mi amigo. Llevo un traje de baño y anteojos de sol. Mi amigo lleva un traje de baño, anteojos de sol y el bronceador. Creo que no necesito llevar el bronceador. Tomamos el sol por nueve horas. Hace sol. Cuando regresamos a casa a descansar, me siento mal porque todo mi cuerpo está rojo. Ahora siempre pienso llevar el bronceador cuando tomo el sol.

Voy	Fuiste
mi	tu
Llevo	Llevaste
Mi	Tu
lleva	llevó
Creo	Creíste
necesito	necesitabas
Tomamos	Tomaron
Hace	Hacía
regresamos	regresaron
me siento	te sentías
mi	tu
está	estaba
pienso	piensas
tomo	tomas

Explain to students that *necesita, hace, me siento,* and *está* change to the imperfect because this tense is used to describe people, places, and situations in the past. Point out that *piensas* and *tomas* remain in the present tense in the last sentence because this sentence refers to the present, not to the past. When you have finished creating your list, have students rewrite this story in the new form for homework.

V. Escritura libre
(Give directions orally, write them on the board, or put them on an overhead transparency.)

On their own paper, have students write a story about themselves using at least five of the following words or phrases: *debajo de, delante de, fui a un restaurante, pedí el plato principal, el (la) camarero(a), me falta . . . , churros y chocolate, el chile con carne.*

Encourage students to try to write a story that is so unique that no one else will have written the same story.

At the end of the chapter, do ¿Lo sabes bien?, p. 412. This section will prepare students for the proficiency test.

Answer Key for ¿Cuándo ocurrió?
1. 8
2. 2
3. 4
4. 6
5. 7
6. 3
7. 5
8. 1

Answer Key for ¿Verdadero o falso?

V	1.
F	2. La familia come la cena a las **nueve.**
V	3.
F	4. El tío de Ana María pidió **camarones rancheros.**
F	5. La mamá de Ana María pidió **enchiladas.**
V	6.
V	7.
V	8.
F	9. La camarera **nunca** le trajo la cuenta.
V	10.

Answer Key for Respuestas cortas
1. Come la cena en un restaurante.
2. la camarera
3. las quesadillas
4. el abuelo de Ana María
5. porque no los tenían
6. la camarera
7. la cuenta (un tenedor o una servilleta también)
8. Ana María
9. No saben. *o* Answers will vary.
10. Habló.

CAPÍTULO 13

Para proteger la Tierra

Includes content from PASO A PASO 1, *pp. 414–445, and* PASO A PASO B, *pp. 272–311.*

Prior to teaching the vocabulary, read the Cultural Overview (Book 1, p. 413B; Book B, p. 271B) to students. Then have students read and discuss Perspectiva cultural *(Book 1, pp. 430–431; Book B, pp. 282–283 and pp. 300–301).*

Minicuento 1

una ballena	las luces
el océano	recoge
contaminado, -a	la guía telefónica

Novel Command Suggestions
Recoge una ballena. Besa la ballena. Bebe el agua del océano. ¡No! ¡Está contaminada! Camina a la luz. Enciende la luz con el ombligo. Apaga la luz con la lengua. Busca la guía telefónica. Toca la guía telefónica con el ombligo. Siéntate en la guía telefónica. Tira la guía telefónica al océano. Recoge la guía telefónica del océano. ¡Bleech!

La ballenita

Un día _____ decide que quiere ver una ballena. Va al océano y busca ballenas, pero no las puede encontrar porque el agua está contaminada. _____ está muy triste. Cuando regresa a su casa, su mamá le dice: "¡Mira en el baño!" ¡_____ enciende las luces y ve que hay una ballena pequeña nadando en el baño! La mamá le dice: "Recoge la guía telefónica y busca 'Control de ballenas.' "

Minicuento 2

una vaca	la piel	los árboles
un pájaro	un oso	en peligro de extinción
un caballo	un lobo	por supuesto (que no)

Personalized Question Suggestions
¿Qué animales están en peligro de extinción? ¿Los osos? ¿Los lobos? ¿Están en peligro de extinción los perros? ¡Por supuesto que no! ¿Están algunos árboles en peligro de extinción? ¿De qué material son los árboles? ¿Son de madera o son de plástico? ¿Quién tiene más piel, un oso o un pájaro? ¿Te gusta montar a caballo? ¿Te gusta montar a vaca? ¿Quién monta a vaca?

La selva mágica

Fui a una selva mágica. Busqué cosas raras. Vi una vaca grande. Cuando me acerqué a la vaca a sacar una foto, la vaca se transformó en un pájaro y se escapó. Vi un animal con el cuerpo de un caballo y la piel de un oso. Cuando me acerqué a sacar una foto, se transformó en un lobo y se escapó. Regresé a mi casa con nada más que fotos de árboles completamente ordinarios. Creo que estos animales extraños están en peligro de extinción pero, por supuesto, nadie me cree. ¡Qué triste!

Have students read and discuss ¡Piensa en la cultura! *(Book 1, pp. 416–417) or* ¡Piénsalo bien! *(Book B, pp. 274–275). Then read the Cultural Notes (Book 1, pp. 417, 427, 431, 435, 437, 439, 441, and 445; Book B, pp. 274, 275, 281, 282, 283, 287, 289, 297, 299, 301, and 305) to students. Also have students watch* En vivo *video segment 1.*

Minicuento 3

las latas	el cartón	vale la pena
las botellas	el centro de reciclaje	proteger
el vidrio	a la vez	el medio ambiente

Novel Command Suggestions
Agarra la lata. Rompe la lata en la cabeza. Bebe un refresco de una lata. Derrama el refresco en la camisa. Bebe un refresco de una lata y a la vez bebe un refresco de una botella.

Personalized Question Suggestions
¿Vas al centro de reciclaje a menudo? ¿Llevas latas y botellas allí para proteger el medio ambiente? ¿Vale la pena reciclar? ¿Qué cosas reciclas? ¿Puedes reciclar la ropa? ¿Quién va al centro de reciclaje para reciclar la ropa?

Si bebes refrescos rápidamente, puedes reciclar más rápidamente

_____ tiene 432 latas y 298 botellas de vidrio porque bebe mucho _____ *("R," brand name of soft drink).* Por supuesto, pone todas las latas y botellas en una caja de cartón y va al centro de reciclaje. A la vez, su hermana menor, _____, que tiene seis años, también quiere conservar como su hermano. Bebe 12 latas de _____ *("R")* muy rápidamente y le da las latas a su hermano. Ella está muy enferma ¡y eructa 48 veces! Decide que vale la pena beber tantos refrescos para proteger el medio ambiente.

Minicuento 4

el mayor peligro	los jaguares	¡Vete . . . !	Hay que . . .
la Tierra	¡Ven acá!	Apaga	¡Ten cuidado!
las fábricas	¡Pon la tarea aquí!	la amenaza	monta en bicicleta
los tigres	¡Sal de mi clase!		

Novel Command Suggestions

¡Ven acá! ¡Sal de la clase! ¡Regresa a la clase! ¡Pon el pie en el pupitre! ¡Ten cuidado! ¡Vete a la puerta! ¡Abraza la puerta! ¡Apaga la luz con el pie!

Personalized Question Suggestions

¿Cuál es el mayor peligro para el medio ambiente? ¿Son las fábricas y el aire contaminado? ¿Es la amenaza de la extinción de los animales como los tigres y los jaguares? ¿Quién maneja el coche cada día? ¿Quién monta en bicicleta cada día para proteger el medio ambiente? ¿Quién siempre apaga las luces? ¿Hay que apagar las luces durante la clase para conservar energía?

El mayor peligro

El mayor peligro para la Tierra no es el peligro de extinción de los animales. No vale la pena preocuparse por el aire contaminado por las fábricas. El mayor peligro es el (la) profesor(a) más peligroso(a) de todos(as). Es más peligroso(a) que los tigres y los jaguares. Es el (la) profesor(a) de español, el (la) señor(a) _____ *(name of your Spanish teacher)* cuando los estudiantes no hacen la tarea. Los estudiantes tienen tanto miedo cuando les grita: "¡Ven acá! ¡Pon la tarea aquí! ¡Sal de mi clase! ¡Vete a la oficina del director!" Cuando los estudiantes están en sus casas por la noche, se puede oír: "¡Apaga las luces! ¡Apaga las luces!" Los estudiantes las apagan para esconderse de _____. La amenaza de la ferocidad de _____ es el mayor peligro de todos. Hay que hacer la tarea cada día. ¡Ten cuidado!

Minicuento 5

> sabe   saben
> Haz la tarea.
> protegen

Novel Command Suggestions

¡Haz la tarea! Pon la tarea en la mano del (de la) profesor(a). Monta a un oso y se escapa de la clase. Saca fotos de un oso. Corre. Corre. ¡Ten cuidado! Protege la cabeza del oso.

Personalized Question Suggestions

¿Quién siempre hace la tarea? ¿Quién sabe dónde podemos encontrar un oso? ¿En el zoológico? ¿En la selva? ¿En la clase? ¿En la casa de _____ *(name of student in class)*?

La estudiante nueva

_____ es una estudiante nueva en la clase de español. Ella no sabe nada del (de la) profesor(a) peligroso(a) y los otros estudiantes no le dicen: "Haz la tarea." No la protegen, aunque saben que el (la) profesor(a) está loco(a). El jueves, _____ no hace la tarea. En la clase de español, _____, el (la) profesor(a) peligroso(a), se transforma en un oso y come a la estudiante nueva para el almuerzo. El viernes todos los estudiantes hacen la tarea dos veces.

Prior to teaching Cuento principal, *have students watch* En vivo *video segment 2.*

Prior to beginning Comprensión de lectura, *have students read* ¡Vamos a leer! *(Book 1, pp. 440–441; Book B, pp. 308–309). Then have students apply the strategies that they have learned to the reading comprehension story. Also have students watch* En vivo *video segment 3.*

Cuento principal

La carne y el coche

Cacahuate es una persona muy buena. A él le gustan los animales. Separa y recicla el aluminio y el vidrio. Apaga las luces en su casa cuando puede. Pero a él le gusta mucho manejar su coche nuevo. Maneja de su casa a la escuela cada día. También le gusta manejar al _____ *(name of local mall)* cada día a comer la cena. El problema es que come hamburguesas de _____ *(name of restaurant)* cada día.

Un día va al zoológico para estar con sus amigos, los animales. Cuando llega allí, ve que están tristes. El tigre le dice: "Hay sólo catorce vacas en todo el mundo."

Cacahuate le dice: "¡Qué ridículo! ¿Por qué?"

El jaguar le dice que la gente ha comido casi todas las vacas del mundo y que el resto murió porque el aire está contaminado.

"¿Por qué está contaminado?" le pregunta Cacahuate. Y la serpiente le dice que es porque demasiadas personas manejan coches.

Cacahuate está muy triste. "¿Qué puedo hacer?" les pregunta a los animales.

"Monta en bicicleta para proteger el aire puro," le dice el lobo.

"No comas hamburguesas," le dice el gorila.

Cacahuate no está muy contento porque a él le gusta comer hamburguesas cada noche, pero les dice que nunca va a comer más hamburguesas. También les dice que siempre va a montar en bicicleta.

Los animales están tan contentos que le dan una hamburguesa de tofu y verduras. Mmmmmm. ¡Qué delicioso!

¿Cuándo ocurrió?

The statements below are out of order. Number them so that they are in the same order as the events in the story.

_____ 1. Los animales le dan una hamburguesa de tofu.

_____ 2. Cacahuate va al zoológico.

_____ 3. Cacahuate siempre recicla el vidrio.

_____ 4. El tigre le dice que no hay muchas vacas.

_____ 5. Cacahuate promete que nunca va a comer más hamburguesas.

_____ 6. El gorila le dice que no debe comer más hamburguesas.

_____ 7. Cacahuate dice que siempre va a montar en bicicleta.

_____ 8. La serpiente le dice que demasiadas personas manejan coches.

Use these drawings to retell the main story.

Comprensión de lectura

¿No son vegetarianos los gorilas?

Un gorila irresponsable vive en una casa muy grande en la selva tropical de las cataratas de Iguazú y está bebiendo 334 refrescos y está tirando las latas en las cataratas.

Hay aluminio por todas partes. Un jaguar muy responsable está recogiendo y reciclando las latas.

El problema es que las cataratas desembocan en el océano y una ballena que nada en el océano come una lata. Se pone muy enferma. El jaguar no puede nadar (porque sólo es un gato grande) para ayudar la ballena. Llama el pájaro y le dice: "Vuela en la boca de la ballena, busca la lata y agárrala." El pájaro vuela en la boca de la ballena y busca la lata y la busca y la busca. Hay que buscar la lata dieciséis minutos. Por fin, vale la pena porque la encuentra. Agarra la lata y sale por la boca de la ballena. Le da la lata al jaguar porque el jaguar quiere reciclar la lata.

El jaguar y el pájaro van a hablar con el gorila. Le explican el problema. Le dicen que debe beber agua de las cataratas en lugar de beber refrescos. El gorila promete beber sólo agua, pero tiene mucha hambre y come el jaguar y el pájaro para su almuerzo.

I. ¿Verdadero (V) o falso (F)?

Write V if the statement is true and F if the statement is false. If the statement is false, correct it to make it true.

_____ 1. Al gorila le gusta el jugo de naranja.

_____ 2. El gorila vive en Paraguay.

_____ 3. La ballena come una lata.

_____ 4. El jaguar ayuda la ballena.

_____ 5. El pájaro entra en el estómago de la ballena por la boca.

_____ 6. El pájaro busca y busca, pero no encuentra la lata.

_____ 7. El jaguar y el gorila van a hablar con el pájaro.

_____ 8. El jaguar y el pájaro le explican el problema.

_____ 9. El gorila promete beber refrescos en botellas.

_____ 10. El gorila tiene hambre, y come 431 plátanos.

II. Respuestas cortas

1. ¿Quién bebe refrescos en latas? _____

2. ¿Por qué los bebe en latas en lugar de beberlos en botellas? _____

3. ¿Por qué tiene tanta sed el gorila? _____

4. ¿Dónde están las latas del gorila? _____

5. ¿Por qué no puede el jaguar entrar por la boca de la ballena? _____

6. ¿Quiénes van a hablar con el gorila? _____

7. ¿Qué quieren el jaguar y el pájaro? _____

8. ¿Qué dice el gorila? _____

9. Generalmente, ¿qué comen los gorilas? _____

10. ¿Por qué tiene hambre el gorila? _____

III. La ilustración

On your own paper, draw a six-frame cartoon to illustrate the story.

Writing and Speaking Activities

I. Oral Sight-Reading

You will have 60 seconds to study the pictures below. You will then have an additional 60 seconds to talk about the people in the pictures. You may want to tell where Raúl and Rosaura are going, name some of the animals they see and tell whether they are endangered, and say which animals you think Rosaura likes best and why. At the end of 60 seconds, your partner will have 60 seconds to do the same. Don't worry about saying everything exactly right, but just keep talking. Do <u>not</u> speak in English.

Writing and Speaking Activities

II. Presenting the Story
(Give directions orally, write them on the board, or put them on an overhead transparency.)

Have students form groups of two or three and choose at least ten vocabulary words from any chapter. Each group will illustrate a new story that it has created (one illustration per group). After the story has been drawn, each group will practice its story before presenting it to the whole class. Students may speak in English while planning the story, but there can be NO WORDS written on their pictures in any language. Students will take their pictures with them when they present them to the class and choose actors to act out their skits.

III. Class Invention
Create an invention story in class using the overhead or chalkboard. The story should be told using the *tú* form of the verb in the preterite. Students will contribute ideas for the story as it is being written. You should subtly emphasize agreement and verb correctness as the story is being written without drawing too much attention to this. Make sure that students know what the words mean, but avoid lengthy explanations or verb charts. Students will simultaneously write the story in their notebooks. They will study the story for a short, open-story quiz the next day. See the Introduction, p. xiii, for directions on creating invention stories.

IV. Guide Words
It is important that you do not introduce a new grammar point to students at the same time that you introduce a new story. Using *Minicuento 8* from Chapter 6, practice the *tú* form of the verbs in the preterite. See the Introduction, p. xiv, for directions on using the overhead to teach grammar through guide words.

Calcetines caros

Buscas unos calcetines. Eres tacaño(a). La señora en la zapatería te pregunta: "¿Cómo le quedan esos calcetines?" Le respondes: "Estos calcetines me quedan bien, pero no me gustan los calcetines verdes." Buscas otros. "¿Qué desea Ud.?" te pregunta la señora. Le preguntas: "¿Cuánto cuestan estos calcetines blancos?" "Un peso" te dice. Sales de la zapatería porque esos calcetines son muy caros.

Buscas	Buscaste
Eres tacaño(a).	Eras tacaño(a).
te pregunta	te preguntó
le quedan	le quedan (*or* me quedan *without quotes*)
Le respondes	Le respondiste
me quedan bien	me quedan bien (*quote*)
no me gustan	no me gustan (*quote*)
Buscas otros	Buscaste otros
¿Qué desea Ud.?	¿Qué desea Ud.? (*or* deseo *without quotes*)
te pregunta	te preguntó
Le preguntas	Le preguntaste
cuestan	cuestan (*quote*)
te dice	te dijo
Sales	Saliste
son	eran

Explain to students that *le quedan, me quedan, no me gustan, desea,* and *cuestan* do not change because they are direct quotes. Also explain to students that *eres* and *son* change to the imperfect because this tense is used to describe people, places, or situations in the past. When you have finished creating your list, have students rewrite this story in the new form for homework.

V. Escritura libre
(Give directions orally, write them on the board, or put them on an overhead transparency.)

On their own paper, have students write a story in which they explain to someone the things that they want them to do to protect the environment, using at least five of the following words or phrases: *¡Ven acá!, ¡Ten cuidado!, recicla, latas, botellas, vidrio, sepáralas, el centro de reciclaje, el medio ambiente, el oso, el gorila.*

Encourage students to try to write a story that is so unique that no one else will have written the same story.

At the end of the chapter, do ¿Lo sabes bien?, p. 444. *This section will prepare students for the proficiency test.*

Answer Key for *¿Cuándo ocurrió?*
1. 8
2. 2
3. 1
4. 3
5. 6
6. 5
7. 7
8. 4

Answer Key for *¿Verdadero o falso?*

F	1.	Al gorila **le gustan los refrescos.**
F	2.	Vive en **la selva tropical de las cataratas de Iguazú.**
V	3.	
F	4.	**El pájaro** ayuda la ballena.
V	5.	
F	6.	El pájaro busca y busca, y **encuentra** la lata.
F	7.	El jaguar y **el pájaro** van a hablar con **el gorila.**
V	8.	
F	9.	El gorila promete beber sólo **agua.**
F	10.	El gorila tiene hambre, y come **el jaguar y el pájaro.**

Answer Key for *Respuestas cortas*
1. el jaguar
2. Answers will vary.
3. Answers will vary.
4. en las cataratas, el océano y el estómago de la ballena
5. No puede nadar.
6. el pájaro y el jaguar
7. Quieren que el gorila beba agua.
8. que va a beber sólo agua
9. plátanos (Answers may vary.)
10. Answers will vary.

CAPÍTULO 14

¡Vamos a una fiesta!

Includes content from PASO A PASO 1, *pp. 446–475.*

Prior to teaching the vocabulary, read the Cultural Overview (Book 1, p. 445B) to students. Then have students read and discuss Perspectiva cultural *(Book 1, pp. 460–461).*

Minicuento 1

la fiesta de cumpleaños	un regalo práctico	está bailando
los aretes	una corbata	está cantando
el collar	hecho, -a a mano	¡Feliz cumpleaños!
lc da		

Novel Command Suggestions
El collar está bailando. Una corbata está cantando. Los aretes están bailando. La corbata está bailando en una fiesta de cumpleaños. *(Sing* "¡Feliz cumpleaños!")

Personalized Question Suggestions
¿Es un cacahuate un regalo práctico? ¿Qué piensas? ¿Qué regalo es más personal, un cacahuate o una carta de tus padres? ¿Qué regalo es más personal, un collar caro o una corbata? ¿Es muy personal algo hecho a mano? Cuándo quieres darle un regalo muy personal a una amiga, ¿le das unos aretes o unos cacahuates?

El regalo de papel

_____ *(name of student in class)* está preparando para la fiesta de cumpleaños de su prima _____. Ella tiene quince años. La fiesta se llama "quinceañera." _____ se pone los aretes y el collar. Va a la fiesta, pero _____ no le da un regalo práctico. Le da una corbata de papel hecha a mano.

Minicuento 2

una fiesta de disfraces	una fiesta de sorpresa	lo pasan bien
recibió	el traje	
una invitada	nadie	

Personalized Question Suggestions
Cuando recibes una invitación a una fiesta de disfraces, ¿qué llevas a la fiesta? ¿Llevas una máscara? ¿Qué llevan los otros invitados? Cuando vas a una fiesta de sorpresa, ¿qué gritas? ¿Gritas: "¡Sorpresa!" o gritas: "¡Hola, feo!"? ¿Qué haces cuando nadic viene a una fiesta? ¿Ves la televisión? ¿Lo pasas bien cuando ves la televisión en una fiesta sin invitados? ¿Llevas una máscara cuando ves la televisión?

La sorpresa de la fiesta de sorpresa

Los padres de _____ están preparándose para una fiesta de disfraces. _____ quiere ir a la fiesta pero no recibió una invitación y, por eso, no puede ser una invitada. Su papá no quiere ir a la fiesta porque sabe que es una fiesta de sorpresa para él. _____ se viste con el traje de su papá, lleva una máscara y va a la fiesta con su mamá. Su papá se duerme delante del televisor y está muy contento. Nadie sabe que el papá de _____ no está en la fiesta y todos lo pasan bien.

Have students read and discuss ¡Piensa en la cultura! *(Book 1, pp. 448–449). Then read the Cultural Notes (Book 1, pp. 449, 459, 461, 463, 467, 473, and 475) to students. Also have students watch* En vivo *video segment 1.*

Minicuento 3

dan	un baile
una fiesta de fin de año	lo pasan mal
alguien	los invitados

Novel Command Suggestions

Baila en un baile. ¡Lo pasan mal porque alguien derrama un refresco en su ropa! Todos los invitados están bailando. Los jóvenes están bailando en los pupitres. Los jóvenes se sientan y bailan. Baila en una fiesta de fin de año. Alguien baila. Nadie baila. Todos bailan el tango. Nadie baila. Alguien baila La Macarena.

La fiesta sin invitados

Dos jóvenes dan una fiesta de fin de año. Esperan que alguien venga al baile en su casa. No viene nadie. _____ y _____ lo pasan mal porque los invitados no vienen a la fiesta. Tienen hambre y miran en el refrigerador. ¡Encuentran todas las invitaciones! ¡Qué desordenados!

Minicuento 4

las joyas	encantado, -a
escoge	
le regala	

Personalized Question Suggestions

Cuando alguien te regala algo como un cacahuate que no es ni práctico ni personal, ¿estás encantado(a)? Cuando escoges un regalo práctico para la fiesta de cumpleaños de un perro, ¿qué le das? ¿Qué les gusta más a los perros, las pelotas o la carne? ¿A quién le das joyas? ¿A un perro? ¿A tu madre?

El regalo especial

_____ está preparándose para una fiesta de cumpleaños. Se pone unas joyas y un vestido bonito. Es el cumpleaños de _____ *(girl's name)*. Escoge un regalo muy personal. Le regala algo personal a _____. _____ está encantada cuando recibe el regalo porque siempre necesita pasta dentífrica.

Minicuento 5

suele celebrar   conoce   de ninguna manera

Personalized Question Suggestions

¿Cuál es la fecha de hoy? ¿Es el 31 de diciembre? ¡De ninguna manera! ¿Sueles celebrar la fiesta de fin de año el 31 de diciembre? ¿Con quién te gusta celebrar el fin de año? ¿Con todas las personas que conoces? ¿Conoces a algunas personas famosas? ¿Sueles celebrar con _____ *(name of celebrity)* cada año? ¿Quieres celebrar con tu perro este año? ¡De ninguna manera!

La fiesta de fin de año

"¿Cuál es la fecha de hoy?" está preguntando _____. Es el 31 de diciembre. Hoy es el día de la fiesta de fin de año. También es su cumpleaños. Suele celebrar su cumpleaños con todos los jóvenes que conoce. No va a invitar de ninguna manera a _____ *(name of unpopular, disreputable, or disgusting celebrity)*. ¡Qué asco!

Minicuento 6

los novios	el reloj pulsera	los zapatos de tacón alto
una fiesta de la escuela	una corbata	la pulsera
hacer las decoraciones	un vestido de fiesta	las entradas

Personalized Question Suggestions

¿Vas a las fiestas de la escuela? ¿Vas con un(a) novio(a) o con amigos? ¿Necesitas entradas para estas fiestas? ¿Llevas un traje a las fiestas? ¿Llevas un vestido de fiesta? ¿Quién lleva zapatos de tacón alto hoy? ¿Quién lleva una pulsera o un collar hoy? ¿Quién lleva un traje? ¿Quién lleva un reloj pulsera? ¿Te gusta llevar corbatas? ¿Llevas una corbata cuando nadas en la piscina? ¿Sueles llevar un traje cuando nadas? ¿Sueles llevar un traje o un traje de baño cuando nadas?

Los novios desordenados

_____ y _____ son novios. Van tres horas temprano a una fiesta de la escuela a hacer algunas decoraciones. La novia mira el reloj pulsera. ¡Son las siete y la fiesta va a empezar pronto! Toda su ropa está en el coche. La novia y el novio se visten para la fiesta muy rápidamente. El novio se pone un traje, pero no puede encontrar ni corbata ni zapatos. Se pone unas joyas de _____ en lugar de una corbata y no lleva zapatos. La novia se viste con un vestido de fiesta, pero no puede encontrar zapatos de tacón alto. No puede encontrar la pulsera tampoco. Se pone las botas y se pone un collar en la muñeca. ¡Son tan desordenados que no tienen las entradas!

Prior to teaching Cuento principal, *have students watch* En vivo *video segment 2.*

Prior to beginning Comprensión de lectura, *have students read* ¡Vamos a leer! *(Book 1, pp. 470–471). Then have students apply the strategies that they have learned to the reading comprehension story. Also have students watch* En vivo *video segment 3.*

Nombre: _____   Fecha: _____

Cuento principal

La fiesta de sorpresa

Una muchacha que se llama Susana llama a Cacahuate por teléfono. Quiere ir
a una fiesta con él.

"No quiero bailar con nadie," le responde Cacahuate. "¿Tengo que bailar?"

"De ninguna manera," le dice Susana.

"No quiero comer nada," le dice Cacahuate.

"No tienes que comer nada tampoco," le dice Susana.

Cacahuate no quiere ni comprar ni dar regalos tampoco. Para la fiesta, Susana lleva
un vestido de fiesta y zapatos de tacón alto. Cacahuate no puede encontrar ni traje
ni zapatos. Lleva pantalones cortos y una camiseta.

Susana llega a la casa de Cacahuate con Sara y su amigo Timoteo. Van a la fiesta.
Cuando llegan, todos los parientes de Cacahuate abren la puerta y gritan: "¡Feliz
cumpleaños, Cacahuate!" porque es una fiesta de sorpresa para Cacahuate.

¿Cuándo ocurrió?

The statements below are out of order. Number them so that they are in the
same order as the events in the story.

_____ 1. Cacahuate no quiere ni bailar ni comer.

_____ 2. Susana llama por teléfono a Cacahuate.

_____ 3. Cacahuate se pone pantalones cortos.

_____ 4. Los jóvenes llegan a la fiesta.

_____ 5. Los parientes gritan: "¡Feliz cumpleaños, Cacahuate!"

_____ 6. Susana se pone un vestido de fiesta.

_____ 7. Cacahuate no puede encontrar su traje.

_____ 8. Timoteo y Susana llegan a la casa de Cacahuate.

Use these drawings to retell the main story.

Comprensión de lectura

La fiesta de quinceañera de la preciosa hija Alicia

Alicia es artística y muy deportista. Es amable y muy inteligente. Es una estudiante muy seria. Le gusta la clase de ciencias más que ninguna otra clase. Alicia se lava el pelo con champú y se cepilla los dientes con pasta dentífrica. Alicia se pone un vestido de fiesta blanco, zapatos de tacón alto y muchas joyas. También se pone un collar de su tía, un reloj pulsera de su abuela y aretes azules.

Los parientes están preparando una fiesta para su niña, Alicia, quien tiene quince años. Hacen las decoraciones para la fiesta de quinceañera.

Todos los amigos y parientes van a la iglesia y después los invitados llegan a la fiesta a las siete de la noche. La niña llega inmediatamente después acompañada de seis coches. Se siente como una princesa bellísima. Su tío saca muchas fotos. La niña baila primero con su padre y después con su amigo Jacinto. Todos sus parientes están allí. Los parientes le dan regalos prácticos y personales y le dicen: "¡Feliz cumpleaños!" Alicia está encantada porque recibe algunos cacahuates de su tío Humberto.

I. ¿Verdadero (V) o falso (F)?

Write V if the statement is true and F if the statement is false. If the statement is false, correct it to make it true.

_____ 1. Es el cumpleaños de Alicia.
_____ 2. Alicia tiene catorce años.
_____ 3. Alicia llega a la fiesta de quinceañera al mediodía.
_____ 4. Alicia baila primero con su padre.
_____ 5. Humberto baila con su padre.
_____ 6. Alicia baila primero con su amigo Jacinto.
_____ 7. Sus parientes sólo le dan regalos prácticos.
_____ 8. Sus parientes le dicen: "¡Feliz Navidad!"
_____ 9. Su tío Humberto le da un coche nuevo.
_____ 10. Sus padres le dan cacahuates.

II. Respuestas cortas

1. ¿Quién tiene quince años? _____

2. ¿Qué hace Alicia en su cumpleaños? _____

3. ¿Adónde van los coches? _____

4. ¿Cuándo baila Alicia con Jacinto? _____

5. ¿Por qué baila Alicia primero con su padre? _____

6. ¿Cómo es Alicia? _____

7. ¿Quiénes le dan a Alicia regalos prácticos y personales? _____

8. ¿Qué le da el tío Humberto a Alicia? _____

9. ¿Por qué se los da? _____

10. ¿Qué es una fiesta de quinceañera? _____

_____

III. La ilustración

On your own paper, draw a six-frame cartoon to illustrate the story.

Writing and Speaking Activities

I. Oral Sight-Reading

You will have 60 seconds to study the pictures below. You will then have an additional 60 seconds to talk about the people in the pictures. You may want to describe what Mr. Ramírez buys first for his wife and what he buys later, what kind of person you think he is, and how his wife reacts when he gives her both presents. At the end of 60 seconds, your partner will have 60 seconds to do the same. Don't worry about saying everything exactly right, but just keep talking. Do <u>not</u> speak in English.

Writing and Speaking Activities

II. Presenting the Story
(Give directions orally, write them on the board, or put them on an overhead transparency.)

Have students form groups of two or three and choose at least ten vocabulary words from any chapter. Each group will illustrate a new story that it has created (one illustration per group). After the story has been drawn, each group will practice its story before presenting it to the whole class. Students may speak in English while planning the story, but there can be NO WORDS written on their pictures in any language. Students will take their pictures with them when they present them to the class and choose actors to act out their skits.

III. Class Invention
Create an invention story in class using the overhead or chalkboard. The story should be told using the *Uds.* form of the present progressive. Students will contribute ideas for the story as it is being written. You should subtly emphasize agreement and verb correctness as the story is being written without drawing a lot of attention to this. Make sure that students know what the words mean, but avoid lengthy explanations or verb charts. Students will simultaneously write the story in their notebooks. They will study the story for a short, open-story quiz the next day. See the Introduction, p. xiii, for directions on creating invention stories.

IV. Guide Words
It is important that you do not introduce a new grammar point to students at the same time that you introduce a new story. Using *Minicuento 4* from Chapter 6, practice the present progressive form of the verbs. Remind students that they will be rewriting the story as if each step were happening right now. See the Introduction, p. xiv, for directions on using the overhead to teach grammar through guide words.

Dos hermanas simpáticas

Dos hermanas buscan vestidos muy elegantes porque van a un concierto con su padre. Compran vestidos rojos que les quedan bien. Llegan al concierto a las ocho. El padre llega y lleva pantalones rosados, una camisa amarilla, calcetines rojos y tenis anaranjados. Las hermanas son muy simpáticas y le dicen: "¡Qué atractivo!"

buscan	están buscando
van	van
Compran	Están comprando
les quedan	les quedan
Llegan	Están llegando
llega	está llegando
lleva	está llevando
son	son
le dicen	le están diciendo

Explain to students why some of the verbs remain in the present tense. When you have finished creating your list, have students rewrite this story in the new form for homework.

V. Escritura libre

(Give directions orally, write them on the board, or put them on an overhead transparency.)

Have students write a story using at least five of the following words or phrases: *una fiesta de disfraces, está invitando, está bailando, está cantando, encantado(a), los zapatos de tacón alto, nunca, nadie, no me gusta bailar tampoco, no hay, no quiero comer nada.*

Encourage students to try to write a story that is so unique that no one else will have written the same story.

At the end of the chapter, do ¿Lo sabes bien?, p. 474. This section will prepare students for the proficiency test.

Answer Key for *¿Cuándo ocurrió?*

1. 2
2. 1
3. 5
4. 7
5. 8
6. 3
7. 4
8. 6

Answer Key for *¿Verdadero o falso?*

V	1.
F	2. Alicia tiene **quince** años.
F	3. Alicia llega a la fiesta de quinceañera **a las siete.**
V	4.
F	5. **Alicia** baila con su padre.
F	6. Alicia baila después con su amigo Jacinto.
F	7. Sus parientes le dan regalos prácticos **y personales.**
F	8. Sus parientes le dicen: "¡Feliz **cumpleaños!"**
F	9. Su tío Humberto le da **cacahuates.**
F	10. **Su tío** le da cacahuates.

Answer Key for *Respuestas cortas*

1. Alicia
2. Se viste para una fiesta; va a su fiesta de quinceañera.
3. a la fiesta de quinceañera
4. después de bailar con su padre
5. Es la costumbre. (Answers may vary.)
6. Answers will vary but may include: Es artística, deportista, amable, inteligente y una estudiante muy seria.
7. sus parientes
8. cacahuates
9. Answers will vary but may include: porque a Alicia le gustan mucho.
10. Answers will vary but should include a description of the *fiesta de quinceañera* based on what was shown and read about in the book or on what was shown in the video.